Andrzej Moszczyński jest autorem 23 książek, 34 wykładów oraz 3 kursów. Pasjonuje go zdobywanie wiedzy z obszaru psychologii osobowości i psychologii pozytywnej.
Ponad 700 razy wystąpił jako prelegent podczas seminariów, konferencji czy kongresów mających charakter społeczny i charytatywny.

Regularnie się dokształca i korzysta ze szkoleń takich organizacji edukacyjnych jak: Harvard Business Review, Ernst & Young, Gallup Institute, PwC.

Jego zainteresowania obejmują następujące tematy: potencjał człowieka, poczucie własnej wartości, szczęście, kluczowe cechy osobowości, w tym między innymi odwaga, wytrwałość, wnikliwość, entuzjazm, wiara w siebie, realizm. Obszar jego zainteresowań stanowią również umiejętności wspierające bycie zadowolonym człowiekiem, między innymi: uczenie się, wyznaczanie celów, planowanie, asertywność, podejmowanie decyzji, inicjatywa, priorytety. Zajmuje się też czynnikami wpływającymi na dobre relacje między ludźmi (należą do nich np. miłość, motywacja, pozytywna postawa, wewnętrzny spokój, zaufanie, mądrość).

Od ponad 30 lat jest przedsiębiorcą. W latach dziewięćdziesiątych był przez dziesięć lat prezesem spółki działającej w branży reklamowej i obejmującej zasięgiem cały kraj. Od 2005 r. do 2015 r. był prezesem spółki inwestycyjnej, która komercjalizowała biurowce, hotele, osiedla mieszkaniowe, galerie handlowe.

W latach 2009-2018 był akcjonariuszem strategicznym oraz przewodniczącym rady nadzorczej fabryki urządzeń okrętowych Expom SA. W 2014 r. utworzył w USA spółkę wydawniczą. Od 2019 r. skupia się przede wszystkim na jej rozwoju.

Inaczej o dobrym i mądrym życiu to książka o umiejętności stosowania strategii osiągania wartościowych celów. Autor opisuje 22 aspekty, które prowadzą do bycia mądrym. W jakim znaczeniu mądrym?

Mądry człowiek jest skupiony na działaniu ukierunkowanym na podnoszenie jakości życia, zarówno swojego, jak i innych. O tym jest ta książka: o byciu szczęśliwym, o poznaniu siebie, by zajmować się tym, w czym mamy największy potencjał, o rozwinięciu poczucia własnej wartości, które jest podstawowym czynnikiem utrzymywania dobrych relacji z samym sobą i innymi ludźmi, o byciu odważnym, wytrwałym, wnikliwym, entuzjastycznym, posiadającym optymalną wiarę w siebie, a także o byciu realistą.

Mądrość to umiejętność czynienia tego, co szlachetne. Z takiego podejścia rodzą się następujące czyny: nie osądzamy, jesteśmy tolerancyjni, życzliwi, pokorni, skromni, umiejący przebaczać. Mądry człowiek to osoba asertywna, wyznaczająca sobie pozytywne cele, ustalająca priorytety, planująca swoje działania, podejmująca decyzje i przyjmująca za nie odpowiedzialność. Mądrość to też zaufanie do siebie i innych, bycie zmotywowanym i posiadającym jasne wartości nadrzędne (do których najczęściej należą: miłość, szczęście, dobro, prawda, wolność).

Autor książki opisuje proces budowania mentalności bycia mądrym. Wszechobecna indoktrynacja jest przeszkodą na tej drodze. Jeśli jakaś grupa nie uczy tolerancji, przekazuje fałszywy obraz bycia zadowolonym człowiekiem, to czy można mówić o uczeniu się mądrości? Zdaniem autora potrzebujemy mądrości niemal jak powietrza czy czystej wody. W tej książce będziesz wielokrotnie zachęcany do bycia mądrym, co w rezultacie prowadzi też do bycia szczęśliwym i spełnionym.

Szczegóły dostępne na stronie:
www.andrewmoszczynski.com

Andrzej Moszczyński

Inaczej o byciu realistą

2021

© Andrzej Moszczyński, 2021

Korekta oraz skład i łamanie:
Wydawnictwo Online
www.wydawnictwo-online.pl

Projekt okładki:
Mateusz Rossowiecki

Wydanie I

ISBN 978-83-65873-08-8

Wydawca:

ANDREW MOSZCZYNSKI
I N S T I T U T E

Andrew Moszczynski Institute LLC
1521 Concord Pike STE 303
Wilmington, DE 19803, USA
www.andrewmoszczynski.com

Licencja na Polskę:
Andrew Moszczynski Group sp. z o.o.
ul. Grunwaldzka 472
80-309 Gdańsk
www.andrewmoszczynskigroup.com

Licencję wyłączną na Polskę ma Andrew Moszczynski Group sp. z o.o. Objęta jest nią cała działalność wydawnicza i szkoleniowa Andrew Moszczynski Institute. Bez pisemnego zezwolenia Andrew Moszczynski Group sp. z o.o. zabrania się kopiowania i rozpowszechniania w jakiejkolwiek formie tekstów, elementów graficznych, materiałów szkoleniowych oraz autorskich pomysłów sygnowanych znakiem firmowym Andrew Moszczynski Group.

Ukochanej Żonie
Marioli

SPIS TREŚCI

Wstęp	9
Rozdział 1. Czym jest realizm?	13
Rozdział 2. Granice realności	15
Rozdział 3. Nawyki myślowe do zmiany	25
Rozdział 4. Realizm w działaniu	39
Rozdział 5. Studium przypadku	51
Rozdział 6. Realizm w praktyce	67
Rozdział 7. Życie według własnego planu	79
Refleksje końcowe	95
Bibliografia	99
O autorze	115
Opinie o książce	121
Dodatek. Cytaty, które pomagały autorowi napisać tę książkę	125

Wstęp

Co kojarzy się ze słowem „realizm"? Na czym polega myślenie realistyczne i jakie są jego skutki? Wydaje się, że wszyscy to wiemy. Czy jednak zastanawiałeś się kiedyś nad związkiem realizmu z marzeniami? Pomaga w ich spełnianiu czy raczej przeszkadza? Proponuję na początek krótki test. Weź kartkę i coś do pisania. Spróbuj ułożyć kilka zakończeń zdania: „Jeśli spojrzeć na to realnie…". Zapisz je. Prawdopodobnie przynajmniej jedno z tych zdań (a być może wszystkie) w drugiej części zawiera słowo „nie", a więc brzmi na przykład: „Jeśli spojrzeć na to realnie, nie damy rady w tym czasie wykonać planu", „Jeśli spojrzeć na to realnie, nie uda mi się tego zrobić", „Jeśli spojrzeć na to realnie, pomysł jest nie do urzeczywistnienia". Dlaczego układamy takie zdania? Być może dlatego, że sami słyszeliśmy takie stwierdzenia wielokrotnie. Tworząc tak rozumiany „plan realistyczny", skupiamy się na zagrożeniach, a bagatelizujemy plusy przedsięwzięcia. Nabieramy przekonania, że ambitne (w domyśle: zbyt ambitne) plany nie są dla nas, że powinniśmy z nich zrezygnować. W ten sposób zaprzepaszczamy wiele szans.

Jeśli mamy tendencję do rozumienia realizmu jako konieczności rezygnacji, spróbujmy to zmienić. Tak jak w przypadku innych przekonań zmiana jest możliwa. Od czego zacząć? Warto zadać sobie kilka pytań. Jak rozległe są granice realności, czyli granice ludzkich możliwości? Czy realista może być wizjonerem? Albo odwrotnie: czy wizjoner może być realistą? Czy realizm może pomagać w wytyczaniu celów i poprawiać jakość życia? Czy może być sposobem na spełnianie marzeń? Przeanalizujmy rzeczywiste znaczenie tego terminu i wszystkie jego aspekty. Przyjrzyjmy się wspólnie ludziom, którzy mieli – wydawałoby się – nierealne marzenia i spełniali je w sposób całkiem realny. Być może stanie się to dla Ciebie ważną inspiracją, impulsem do działania. Być może stwierdzisz, że właściwie pojęty realizm daje nadzieję, pomaga przezwyciężać trudności i pozwala rozwinąć skrzydła.

Rozdział 1

Czym jest realizm?

Zanim zredefiniujemy pojęcie realizmu, przyjmijmy istotne założenie, które sugerowałem we wstępie: realizm jest sposobem na spełnianie marzeń. Na początku trudno w to uwierzyć, ponieważ w naszych umysłach zakorzeniło się przekonanie, że realizm jest cechą, która wpływa raczej na rezygnację z marzeń niż na ich urzeczywistnianie. Kojarzymy go z uświadamianiem sobie ograniczeń, zahamowań i barier, aby... stworzyć z nich przeszkodę tak ogromną, że wydaje się nie do przejścia. Powtórzę: realizm jest sposobem na spełnianie marzeń. I to właśnie dlatego, że pozwala uświadomić sobie ograniczenia, zahamowania i bariery. Jednak nie po to, by stanowiły dowód na niemożność osiągnięcia celu, lecz po to, by jak najbardziej obiektywnie ocenić sytuację, a potem poszukać dróg, którymi będzie można pójść dalej.

Definicje słownikowe podają, że realizm to postawa życiowa polegająca na trzeźwej, bezstronnej ocenie rzeczywistości, pozwalająca na wybór skutecznych środków działania. A także umiejętność dokonania takiej oceny. Oparta jest ona na doświadczeniu, wiedzy i analizie faktów. Realista jest więc człowiekiem, który ma świadomość trudności, a mimo to nie boi się nowych wyzwań, z odwagą realizuje plany i w ten sposób czyni swoje życie fascynującym i pełnym barw. Realista potrafi właściwie ocenić możliwość (czyli realność) wykonania lub urzeczywistnienia czegoś. Czy w tym rozumieniu jesteś realistą? Czy potrafisz to stwierdzić?

☼

Rozdział 2

Granice realności

Podejście realistyczne pozwala postępować skutecznie w każdej sferze życia. Sprzyjają temu nieustanny rozwój techniki i nieograniczony dostęp do informacji. Nie możemy więc tłumaczyć się, że czegoś nie zrobimy, bo brakuje nam wiedzy. Nikt z nas nie wynosi ze szkoły całej ludzkiej wiedzy. Nie jest to zresztą potrzebne. Ważne jednak, byśmy potrafili korzystać z tej jej części, która pozwoli nam realizować marzenia.

Cele wyprowadzone z marzeń i zrealizowane dają poczucie niezwykłej satysfakcji. Czy jednak każde marzenie może stać się rzeczywistością? Czy zawsze warto je realizować? Jak rozpoznać wśród swoich marzeń te, do których warto dążyć, nawet jeśli wydają się nieprawdopodobne, kiedy zaś uznać, że marzenie jest tylko mrzonką, przynajmniej w obecnym momencie naszego życia? Czyli, jak stwierdzić, co jest realne, a co nie? Jak ocenić, co możemy zrobić, a co przekracza nasze możliwości? Gdzie przebiegają granice realności zamierzeń?

Prześledźmy to na podstawie dokonań człowieka. Sięgnijmy do historii lotnictwa. W ciągu dziesięcioleci wynalazcy wyznaczali sobie wciąż nowe cele w tej dziedzinie. Pokonywali kolejne bariery na drodze przemieszczania się człowieka w powietrzu. Ktoś jednak kiedyś zainicjował ten proces. Spojrzał na ptaki i zamarzył, by latać podobnie jak one. Dowodem są opowieści, które znajdujemy w wielu mitach, na przykład w tym o Ikarze i jego ojcu Dedalu.

Do możliwości wznoszenia się podszedł naukowo geniusz wszechczasów Leonardo da Vinci, który od lat dziecięcych interesował się budową skrzydeł. Na potrzeby scenografii teatru na dworze Medyceuszy konstruował machiny latające. Wśród jego projektów znajduje się także skrzydłowiec, który miał latać dzięki ruchom skrzydeł. Dlaczego Leonardo go nie wypróbował? Odpowiedź jest prosta. Po wielu badaniach zdał sobie sprawę (realizm!), że człowiek jest zbyt słaby, by potrafił za pomocą skrzydeł utrzymać się w powietrzu. Marzenie Leonarda stało się możliwe do zrealizowania dopiero po wynalezieniu silnika, który zastąpił siłę mięśni człowieka. Cel został osiągnięty, choć droga do niego była inna.

Współczesne lotnictwo silnikowe rozpoczęło się od osiągnięcia braci Wright, którzy w 1903 roku przeprowadzili pierwszą udaną próbę lotu samolotem własnej konstrukcji. Przełamali tym przekonanie (to dowód, że przekonania mogą się zmieniać!), że maszyna cięższa od powietrza nie może wzbić się w górę. Kim byli ludzie, którzy to zrobili? Ciekawość naukową w wynalazcach samolotu silnikowego zaszczepili rodzice. Ojciec, Milton Wright, był redaktorem gazety, a matka – córką konstruktora. Oboje – wszechstronnie uzdolnieni, kreatywni i ciekawi świata. Swoje podejście do życia przekazali synom. Wyposażyli ich w wiedzę, nauczyli niezależnego myślenia i nieszablonowego rozwiązywania problemów. Pokazali, że współdziałanie jest lepsze niż rywalizacja. Starszy z braci, Orville, podkreślał, że rodzice zawsze zachęcali ich do rozwijania swoich pasji, do wnikliwości, do zastanawiania się nad wszystkimi sprawami, które budziły ich zainteresowanie. Bracia Wright jednak nie opierali się tylko na tym. Ważny był dla nich cel i robili wszystko, by go osiągnąć. Każdą trudność starali się pokonywać w jak najbardziej wydajny sposób. Szukali potrzebnej wiedzy i sprzymierzeńców. Cenili współpracę z innymi wynalazcami. Dzięki temu to właśnie oni zostali pionierami lotnictwa.

Spektakularne dokonanie stało się możliwe dzięki dogłębnemu przeanalizowaniu zasad aerodynamiki, zwłaszcza mechanizmu powstawania siły nośnej. Ta wiedza pomogła w opracowaniu skutecznej metody sterowania pojazdem powietrznym oraz w wyborze lekkiego i stabilnie pracującego silnika. Konstruktorzy zdawali sobie sprawę, że od czasów Leonarda da Vinci przesunęły się granice możliwości dokonań ludzkich. Uwierzyli, że w ich zasięgu jest skonstruowanie samolotu, a tym samym realizacja marzenia. Wykazali się odwagą i kreatywnością, dzięki której ulepszyli rzeczywistość.

Pierwsze produkowane seryjnie samoloty poruszały się z prędkością nieprzekraczającą 75 kilometrów na godzinę i mogły się wznieść na wysokość co najwyżej 150 metrów. W latach 20. poprzedniego stulecia miały już opływowe kształty i były wyposażone w wielocylindrowe silniki wspomagane przez sprężarkę. W 1927 roku Amerykanin Charles Lindbergh jako pierwszy przeleciał Atlantyk. W 1929 roku brytyjski samolot Supermarine S6 pobił absolutny rekord prędkości (529 km/godz.). Produkcję pierwszego samolotu pasażerskiego Boeing 247 rozpoczęto w 1933 roku. Potem było już tylko wyżej, szybciej i więcej.

Czy wiesz, jak ogromnego postępu dokonano w lotnictwie w ciągu ostatniego stulecia? Samoloty mogą dziś latać na wysokości ponad 12 500 metrów z szybkością przekraczającą 1000 kilometrów na godzinę. Co cztery sekundy w którymś miejscu na świecie startuje jeden z nich.

Rocznie z transportu powietrznego korzysta pięć miliardów osób. A zaczęło się od marzeń, które nosiły w swoich umysłach kolejne pokolenia ludzi, dodając do podstaw myślenia o lataniu nową wiedzę, nowe odkrycia i nowe wynalazki, aż wreszcie bracia Wright zrobili coś, co reszta świata nadal uważała za niemożliwe. Włożyli wiele wysiłku w przygotowywania. Wielokrotnie powtarzali próby. Zdobyli się na odwagę, by przekroczyć dotychczasowe granice realności. Co ważne, oni nie musieli, lecz chcieli to zrobić.

Za braćmi Wright podążyli inni wizjonerzy, którzy pokonywali kolejne bariery. Poznawano właściwości przestrzeni powietrznej, przekraczano granice prędkości i wysokości.

Wreszcie wyruszono na podbój kosmosu. W przestrzeń kosmiczną wysłano najpierw rakiety bezzałogowe, potem zwierzęta, a w końcu ludzi. Obecnie Ziemię oplata gęsta sieć satelitów, które odpowiadają za łączność i komunikację. Załogowe wahadłowce regularnie odbywają rejsy między Ziemią a stacją kosmiczną, w której pracują ludzie. Brytyjska spółka Virgin Galactic przygotowuje się do oferowania komercyjnych lotów kosmicznych statkami powietrznymi zaprojektowanymi przez Scaled Composites. Wśród oczekujących na uruchomienie tej usługi znalazło się wiele znanych osób, między innymi Tom Hanks, Ashton Kutcher, Katy Perry, Brad Pitt i Angelina Jolie. Jeszcze 60, 70 lat temu takie projekty uznano by za efekt majaczenia lub produkt szalonego umysłu. A dziś to rzeczywistość, w której żyjemy i która nikogo nie dziwi.

Powyższa historia pokazuje, jak wraz z kolejnymi dokonaniami przesuwa się horyzont możliwości. Żadne osiągnięcia ludzkości nie przybliżają nas do niego. Mitologiczny Ikar nie miał dalej do linii tego widnokręgu niż bracia Wright albo konstruktorzy pierwszej rakiety kosmicznej. Choć trudno w to uwierzyć, horyzont możliwości człowieka będzie tak samo daleki nawet wtedy, gdy staną się możliwe podróże do odległych galaktyk. Z każdym odkryciem i wynalazkiem przesuwa się on, otwierając pole do działania kolejnym pokoleniom. Będzie ono równie duże jak to, które mieli nasi wielcy poprzednicy. Co dziś wydaje się niemożliwe, jutro będzie osiągalne, a pojutrze zupełnie zwyczajne. Jeśli chcesz, możesz włączyć się w ten proces i uczestniczyć w ciągłym postępie ludzkości. Wizjonerstwo to nic innego jak dalekowzroczność, planowanie przyszłości. Gdy zastanowisz się nad postępem w jakiejkolwiek dziedzinie życia, nie tylko w lotnictwie i kosmonautyce, dojdziesz do wniosku, że wchodzenie w niezagospodarowane obszary jest możliwe. Proces rozwoju i udoskonalania świata to „niekończąca się opowieść". Na bazie tego, co już wiemy, można robić kolejne kroki. Bez wizjonerstwa najważniejsze odkrycia i wynalazki ludzkości nigdy by się nie pojawiły.

Przyjrzyj się raz jeszcze swojej wizji życia. Zastanów się, co chciałbyś zostawić po sobie na Ziemi? Jakimi wartościami się kierujesz? Co zamierzasz osiągnąć? Czy rzeczywiście idziesz drogą spełniania swoich marzeń? Czy nie tracisz czasu na zajęcia, które Cię oddalają od celu? To pytania fundamentalne, na które tylko Ty możesz dać odpowiedź.

Otwierający się horyzont możliwości to tylko jeden z aspektów realizmu. Pokazuje, że cecha ta nie ogranicza naszych działań, ale je poszerza. Pozwala wytyczyć linię od punktu, w którym zaczynamy naszą drogę, do punktu, który jest naszym celem, nawet bardzo odległym. Wątpisz w to? Nie jesteś wyjątkiem. Powodów zwątpienia może być kilka. Jednym z nich są hamujące nawyki myślowe.

Rozdział 3

Nawyki myślowe do zmiany

Nawyki rządzą nie tylko naszym postępowaniem, lecz także myśleniem. I podobnie jak w przypadku nawyków żywieniowych czy higienicznych, wiele z nich formuje się już w dzieciństwie, w procesie wychowania. Dziecko ma specyficzny sposób widzenia świata. Ponieważ dysponuje stosunkowo niedużym doświadczeniem, wiele rzeczy – dla dorosłego w sposób oczywisty niemożliwych – jest dla niego zupełnie realnych. Stąd wiara w krasnoludki i inne postacie z bajek. Malec wierzy dorosłym także wtedy, gdy mówią: „To jest niemożliwe", „Nikt tak nie robi", „Tego nie ma", i włącza te przekonania w swoje doświadczenie. Nic złego się nie dzieje, jeśli dzięki temu zaczyna rozumieć, na czym polega fikcyjność bohaterów baśni i opowiadań. Gorzej, jeśli takie same sformułowania towarzyszą zapoznawaniu dziecka ze światem. Gdy trzy razy dziennie usłyszy ono: „Tak się nie da", „Tak nie można", „To nierealne", w ciągu roku to sformułowanie zabrzmi mu w uszach (i przeniesie się do umysłu) ponad 1000 razy. O wiele za dużo!

Psychologia dostarcza mnóstwo dowodów na to, że wielokrotne powtarzanie jakiegoś stwierdzenia może wpływać na zmianę postawy i kształtować sposób myślenia. Przez pierwszych kilkanaście lat życia dziecko może usłyszeć negatywny przekaz o nierealności swoich pomysłów około 20 tysięcy razy. Czy trudno przewidzieć, jakie skutki spowoduje w jego osobowości utrwalenie takiej informacji? To najlepsza droga do stworzenia negatywnych nawyków myślowych. Niejako automatycznie przy zetknięciu z czymś nowym w umyśle dziecka będzie pojawiał się strach przed ryzykiem. Do tego utrwali się w nim postawa wyrażona myślą: „Do niczego się nie nadaję". Ostateczną konsekwencją będzie sceptyczne nastawienie do kolejnych przedsięwzięć już w dorosłym życiu. Dorośli tak wychowywani zakładają, że ich pomysły nie mają wartości, więc ich nie rozwijają. Zazwyczaj nawet nie zdają sobie sprawy, że to nawyk wyrobiony w dzieciństwie, który teraz sami utrwalają swoim postępowaniem.

Tak oddziałuje na naszą osobowość potężna siła podświadomości. Spotyka nas bowiem wszystko, co znajdzie się w niej w postaci wyobrażeń i przekonań. Podświadomość nie analizuje faktów. Reaguje zgodnie z przyswojonymi wzorcami i na tej podstawie podsuwa wnioski, które przyjmujemy, nawet jeśli są irracjonalne i nie znamy ich podstaw.

Warto brać to pod uwagę. Jeśli jesteśmy rodzicami lub nauczycielami, uważajmy, co mówimy do dzieci lub w ich obecności i zastanówmy się, czy – choć sami chcemy się pozbyć złych nawyków – nie utrwalamy ich w dzieciach. Wpajanie negatywnych przekonań ma zgubny wpływ na przyszłość człowieka. Rodzi lęk i blokady psychiczne. Wyzwolenie się z nich wymaga potem wielkiej determinacji i wytężonej pracy.

Abyśmy mogli uprzytomnić sobie, jak to działa, odwołam się do sposobów tresury koni. Gdy zwierzę jest młode, uczy się je chodzić na uwięzi. Początkowo źrebak się wyrywa, ale nie ma dość siły, by się uwolnić. Rezygnuje więc i daje się prowadzić. Gdy jest starszy i silniejszy, nawet nie podejmuje prób uwolnienia, bo „wie", że nie przyniosą efektu. Człowiek, jeśli nauczy się „niemożności", zachowa się podobnie. Dla niego niewidzialną linką będą przytoczone wcześniej słowa. Ich negatywne przesłanie stłumi poczucie wolności i własnej wartości. Zwykle taka osoba nie będzie wyznaczała sobie ambitnych celów, bo z góry uzna je za nierealne. Czy chciałbyś tak wychować swoje dziecko? Zapewne nie.

Pamiętajmy, że pozytywne nawyki myślowe kształtują się głównie przez celebrowanie osiągnięć, nawet niewielkich. Doceniajmy więc, gdy dziecko poprawi klasówkę z dwójki na trójkę i nie oczekujmy od razu ocen celujących. Pozwalajmy nawet kilkulatkom podejmować wyzwania i samodzielnie realizować własne cele (odpowiednie dla ich wieku). Drobne zwycięstwa przyniosą im satysfakcję, dodadzą pewności i wiary we własne siły. Utrwalajmy w dzieciach świadomość, że trudności i potknięcia są naturalną częścią życia. Pomóżmy im nabrać przekonania, że nawet jeśli wpadną w kłopoty, to wartość ich samych jako ludzi nie będzie mniejsza, bo wynika ona z samego faktu bycia człowiekiem.

Informacja, że coś jest nierealne lub że czegoś nie da się zrobić, powoduje utrwalenie przekonania, że istnieje cała masa spraw i rzeczy niemożliwych. Jak taki negatywny przekaz wpływa na nasze postępowanie? Gdy staniemy przed wyzwaniem, w ciągu kilku sekund w zdecydowanej większości spraw nasz umysł, korzystając z negatywnego nawyku myślowego, sformułuje ocenę: „To niemożliwe". I sprawa, pomysł, propozycja wylądują w koszu. „To niemożliwe" zamyka drogę dalszemu myśleniu. Staje się ono bezprzedmiotowe, zanim jeszcze nastąpi próba sprawdzenia, choćby teoretycznego, czy rzeczywiście pomysł nie miał szans realizacji.

„To niemożliwe" jest bardzo istotnym demotywatorem. Z czasem może być także doskonałym pretekstem do ucieczki od rozwiązywania trudnych problemów oraz od konfrontowania się z przeciwnościami losu. Unikanie ich staje się nawykiem, z każdym rokiem silniejszym. W zachowaniu, które wydaje się racjonalne, trudno nawet dostrzec, że to tylko destrukcyjny nawyk, więc można go zmienić.

Oprócz demotywacji nawyki myślowe, zwłaszcza te nieuświadomione, mogą prowadzić do uproszczonej, a więc niepełnej oceny sytuacji. Co to znaczy uproszczonej? Żeby to w pełni zrozumieć, warto przyjrzeć się, w jaki sposób funkcjonuje umysł bombardowany w każdej chwili rozlicznymi informacjami przekazywanymi mu przez zmysły. Umysł już na wstępie dokonuje selekcji i decyduje za nas: ta się przyda, ta jest niepotrzebna. Jak to robi? Porównuje to, co się pojawia, z dotychczasową bazą oraz z zadaniami, z jakimi dotąd miał do czynienia. Podobno na przykład wzrok pozwala nam dostrzegać naraz zaledwie kilka (do pięciu) elementów. Zauważamy to, co w jakiś sposób wyróżnia się z otoczenia i to, co nasz umysł uzna za istotne. Wielu z nas nie będzie potrafiło opisać ubioru człowieka, którego przed chwilą mijaliśmy na ulicy. Chyba że coś nas w tym ubiorze zaintrygowało. Autorzy programu *Pułapki umysłu* przygotowanego przez National Geographic udowodnili, że śledząc na ekranie telewizora wskazane elementy i licząc, ile razy się pojawiły, można nie dostrzec człowieka przebranego za kurczaka i biegającego po całym obszarze studia. Zadanie polegało na policzeniu ludzi ubranych w określony sposób, więc umysł odrzucał obraz, który z punktu widzenia celu był kompletnie nieprzydatny.

Niestety, umysł zbyt pospiesznie eliminuje niektóre informacje dostarczane przez zmysły. Zapewne nie raz przyszło Ci szukać kluczyków samochodowych, okularów, portfela, a potem dziwić się, że tyle to trwało, mimo że leżały w widocznym miejscu. Podobnie szuka się znajomych w tłumie. Jeśli umysł potraktuje zadanie jako poboczne bądź rutynowe, to nie odnotuje prześlizgiwania się wzroku po obiekcie, którego szukamy. Co jest wtedy rzeczywistością: kluczyki, które leżą tam, gdzie leżały, czy nasza obserwacja, że ich tam nie ma?

Z bodźcami docierającymi do nas przez uszy jest podobnie. Jeśli nie słyszymy jakichś dźwięków, bo nie odbieramy całego spektrum fal dźwiękowych, to co jest rzeczywistością? To, co słyszymy, czy to, co jest emitowane? Podobnie możemy zastanawiać się nad odbiorem bodźców w przypadku pozostałych zmysłów. Do jakich wniosków nas to prowadzi? Rzeczywistość istniejąca obiektywnie może być inna, niż my ją widzimy, słyszymy, czujemy i tym podobne. Nasz umysł tworzy bowiem jej obraz z danych, które sam dla nas wybiera.

Hamującym nawykiem myślowym jest przykładanie zbyt dużej wagi do powierzchownego oglądu rzeczywistości i dokonywanie oceny bez dokładnego rozważenia jak największej liczby istotnych danych (jak je dostrzegać i uwzględniać w analizie, napiszę w kolejnym rozdziale). Uproszczenia powodują wiele błędów i są odpowiedzialne za dokonywanie złych wyborów. Sposób rozwiązywania problemów przy uproszczonym myśleniu można przedstawić następująco: Twój umysł, szybko dokonując wyboru, doprowadzi Cię do rozwiązania, ale czy naprawdę będzie ono jedyne i najlepsze? Pomyśl, ile możliwości mogło Ci umknąć, ile dróg zostało zamkniętych. Czy na pewno słusznie? Czy żadna z nich nie prowadziła do rozwiązania lepszego, być może nawet genialnego? Tego nie wiesz i w większości przypadków nigdy się nie dowiesz. Może zatem nie warto traktować pojawiających się wyborów jak alternatywy albo-albo, lecz lepiej starać się łączyć pomysły pozornie się wykluczające?

Łączenie przeciwstawnych hipotez i pozornie wykluczających się pomysłów pozwala analizować je w sposób pełny. Schemat takiego myślenia różni się od poprzedniego tym, że nie zamyka żadnych dróg, nie stawia rozwiązań jako bezwzględnej alternatywy. Jeśli nie przydadzą się na tym etapie, być może okażą się pomocne na kolejnym.

Myślenie realistyczne przypomina poruszanie się między różnymi aspektami wyzwań i problemów. Rozwiązanie wygląda bardziej na zszywanie niż cięcie. Oczywiście nie musi wypaść akurat w tym miejscu. Może przesuwać się w dowolną stronę po siatce aspektów, aż wreszcie będzie satysfakcjonujące.

Roger Martin, specjalista w dziedzinie zarządzania i autor wielu książek, myślenie umożliwiające takie rozwijanie pomysłów i rozwiązywanie problemów nazwał zintegrowanym, czyli łączącym. W książce *Niepokorny umysł. Poznaj klucz do myślenia zintegrowanego* autor podaje kilka przykładów efektów całościowego postrzegania problemu i brania pod uwagę koncepcji nie tylko spójnych, ale i przeciwstawnych. Wśród osób, u których można było zaobserwować tego typu myślenie, Martin wymienia między innymi Isadore'a Sharpa, twórcę sieci luksusowych hoteli Four Seasons Hotels & Resorts Ltd., czy Marthę Graham, uznawaną za prekursorkę tańca współczesnego. Na czym polegała nowatorskość myślenia tych nietuzinkowych postaci? Przypatrzmy się im bliżej.

Isadore Sharp był dzieckiem polskich emigrantów pochodzenia żydowskiego. Urodził się w Kanadzie. Doświadczenie w branży budowlanej i handlu nieruchomościami zdobywał w niewielkiej firmie ojca. W końcu postanowił usamodzielnić się i zająć budową oraz uruchamianiem hoteli. Długo starał się o środki, aż w końcu je zdobył. Pierwsze hotele stawiał zgodnie z obowiązującym wówczas modelem: hotel mały, z rodzinną atmosferą, jednak skromnie wyposażony lub hotel wielki, z salami konferencyjnymi, luksusowy, ale za to mało przyjazny, bezosobowy i zimny. Budując kolejny gmach (w Londynie), Sharp postanowił zrobić to, czego nikt przed nim nie zrobił: otworzyć hotel, który będzie skupiał w sobie wszystkie najlepsze cechy hotelu małego i wielkiego. Powstał hotel średniej wielkości, luksusowy jak te wielkie i przyjazny jak te małe. Sharp postarał się, by ludzie w nim mieszkający czuli się jak u siebie w domu i w każdej chwili mogli liczyć na pomoc w dowolnej sprawie. Ponieważ oferta była wyjątkowa, mógł za swoje usługi żądać wysokiej ceny. I wszyscy chętnie ją płacili. Hotele Four Seasons ustanowiły nowy wzorzec komfortu hotelowego. Dodać jeszcze należy, że Isadore Sharp i jego żona mocno zaangażowali się w filantropię. Wspierali między innymi chorego na raka Terry'ego Foxa, kanadyjskiego lekkoatletę, który słynnym biegiem (od wschodniego do zachodniego wybrzeża Kanady) zwrócił uwagę na potrzeby ludzi dotkniętych chorobą nowotworową i zainicjował zbiórkę pieniędzy na badania nad nowotworami.

Amerykanka Martha Graham działała w sferze kultury, jednak jej sposób myślenia był podobny do tego, jaki reprezentował Sharp, budując hotele. Pasjonował ją taniec, ale uważała, że popisy baletowe są sztuczne i pozbawione uczuć. Włączyła się w nurt modernistyczny. Pragnęła, by taniec wyrażał emocje, więc dokonała zmiany sposobu ekspresji. Połączyła taniec z muzyką, której nikt nie nazwałby taneczną. Ograniczyła scenografię, uprościła kostiumy, za to dodała rekwizyty, których mogli używać tancerze. Z połączenia wielu składników powstała zupełnie nowa jakość – balet nowoczesny.

Takie możliwości daje właśnie myślenie zintegrowane, o którym pisał Roger Martin. Nie trzeba być obdarzonym takim myśleniem, można się go nauczyć. Warto zacząć od obserwacji własnych procesów myślowych. Pomyśleć o maksymalnym otwarciu się na nowości, na nieprawdopodobne propozycje, na szanse, które pojawiają się zazwyczaj tylko na chwilę. Niekoniecznie musimy z nich skorzystać, ale zawsze powinniśmy je wnikliwie rozważyć.

Rozdział 4

Realizm w działaniu

Najczęściej przywoływanym przykładem dokonań naukowych jest teoria względności Alberta Einsteina. Warto jednak też wiedzieć o dokonaniach Charlesa Babbage'a. Czy wiesz, że to on nazywany jest ojcem informatyki, a żył na przełomie XVIII i XIX wieku, kiedy o komputerach jeszcze nawet nie było mowy? Kim był nieco zapomniany dziś Babbage? Był utalentowanym i wykształconym matematykiem, ale także astronomem i mechanikiem. Starał się wykorzystywać swoją wiedzę praktycznie. Jako że żył w czasach początku rozwoju przemysłu, jego projekty dotyczyły organizacji pracy w fabrykach. Myślenie matematyczne pozwoliło mu zobaczyć pracę konieczną do wykonania danego wyrobu jako proces, który można podzielić na pojedyncze czynności. Uważał, że każdą z nich powinno się powierzyć innemu pracownikowi, bo to ułatwi i przyspieszy szkolenie załogi, a jednocześnie usprawni produkcję. Później rozwinął tę zależność Henry Ford, twórca pierwszej taśmy produkcyjnej. Łączenie różnych dziedzin pozwoliło rozwiązać narastający problem: „W jaki sposób zwiększyć wydajność i zmniejszyć koszty produkcji?".

Babbage zaprojektował też między innymi maszynę analityczną, która mogła wykonywać ciągi zadanych jej instrukcji. Prawda, że brzmi znajomo? Tak otworzyła się droga do wynalezienia komputera.

Dzięki myśleniu realistycznemu swój cel osiągnął także Simon Stevin, żyjący na przełomie XVI i XVII wieku, czyli jeszcze wcześniej niż Babbage. Był jednym z najbardziej uznanych matematyków holenderskich. Jednocześnie miał drugą pasję: wodę. Lubił przebywać nad morzem, chłonąć zapach morskich fal i obserwować je. Często przyglądał się żeglarzom, którzy w czasie licznych sztormów uwijali się jak w ukropie, by ściągnąć żagle, zanim wichura powali ich statek. Matematyka i marynistyka. Co mogło wyniknąć z połączenia tych dwóch dziedzin? Jeśli nie znałeś wcześniej nazwiska tego niezwykłego człowieka, będziesz zapewne zdziwiony jego dokonaniami. Któregoś dnia Stevin postawił przed sobą zadanie do rozwiązania: pojazdy napędzane wiatrem poruszają się po wodzie. Ale wiatry wieją wszędzie! Czy wobec tego można skonstruować pojazdy żaglowe poruszające się… po lądzie?

Zwróć uwagę, że już wówczas widać było u wielkiego matematyka realizm myślenia. Czy coś z niego wynikło? Odkrywczy był wniosek, że wozy mogą być wprawiane w ruch nie tylko siłą mięśni zwierząt lub ludzi. Stevin przeprowadził mnóstwo prób, z czego wiele nieudanych. Zbudował pojazd na wzór żaglowca i postawił go na kołach, jednak był on bardzo wywrotny. Potem co prawda trzymał się drogi nawet przy silnych podmuchach wiatru, ale trudno go było zatrzymać, gdy już się rozpędził. W końcu konstruktorowi się powiodło. „Samochodem" napędzanym żaglem można było jeździć. Teraz należało znaleźć dla niego zastosowanie. Wehikuł kosztował bardzo dużo, a do tego podobnie jak żaglowce (i późniejsze samochody) musiał mieć przeszkoloną obsługę, która potrafiłaby odpowiednio manewrować żaglami, sterem i hamulcem, żeby jazda była bezpieczna, a żaglowóz jechał w dobrym kierunku. Jak myślisz, czy holenderski wynalazca wymyślił rozwiązanie tego problemu i pokonał tę przeszkodę?

Tak, nie mylisz się! Stevin pokonał i tę przeszkodę. Znowu posiłkował się logiką i realistyczną analizą faktów. Skoro dla pojedynczych osób posiadanie, konserwowanie i obsługa naziemnego żaglowca była trudna lub niemożliwa, może znajdą się chętni (tak jak znajdowali się chętni do odbywania rejsów po morzu), którzy zapłacą za przejazd. Zaprojektował więc i zlecił zbudowanie wozu żaglowego mieszczącego ponad 20 osób. Mało tego! Zbadał także, gdzie taki pojazd może mieć największe powodzenie i zaczął przewozić ludzi między holenderskimi miejscowościami Schwenningen a Petten, które dzieliła odległość ponad 60 kilometrów. Czy tak zorganizowany transport publiczny mógł działać? Ktoś powie, że tak, gdy wieje wiatr. A co, jeśli wiatru nie było? Czy wóz żaglowy bezużyteczny i pełen niezadowolonych ludzi stał w polu? Nie! Stevin i to przewidział. Na naziemnym statku znalazło się miejsce dla niedużego konia, który w razie flauty, jak w żargonie żeglarskim określa się brak wiatru, dociągał wóz do celu. To także dowód na skuteczność myślenia realistycznego, które przewiduje przyszłe trudności lub pokonuje te, które pojawią się podczas kolejnych prób.

Ile razy Babbage i Stevin mogli sobie powiedzieć: „To niemożliwe"? Zapewne wielokrotnie. Jednak nie zrobili tego, bo zebrali wystarczająco wiele informacji o rzeczywistości, by wysnuwać z nich trafne wnioski, nawet jeśli nie wszystkie ich wynalazki w tamtych czasach znalazły praktyczne zastosowanie.

Jak wiele można zdziałać dzięki śmiałemu wyznaczaniu nowych granic, optymizmowi i dobrze pojętemu realizmowi, pokazał amerykański polityk i wynalazca Benjamin Franklin.

Przyszedł na świat w ubogiej rodzinie jako dziesiąte z siedemnaściorga dzieci. Rodziców nie było stać na kosztowną edukację, dlatego już jako dziesięciolatek musiał pomagać w rodzinnej firmie przy produkcji mydła i świec. Takie okoliczności często powodują rozwijanie myślenia pesymistycznego i prowadzą do szkodliwego przekonania, że jak ktoś się w takim miejscu urodził, to już go nic dobrego nie czeka. Franklin jednak nie poddawał się takim myślom. Intuicyjnie zrobił wszystko, by rozwinąć w sobie prawdziwy realizm prowadzący do przekraczania barier, a nie skłaniający do rezygnacji z działania przy pierwszej przeszkodzie. Cały wolny czas przeznaczał na naukę. Z zapałem chłonął wiedzę, a zaoszczędzone pieniądze wydawał na książki. Ojciec, patrząc na zamiłowania syna, postanowił, że zrobi z niego drukarza. Chłopiec pomagał w drukarni wydającemu gazetę bratu, któremu podrzucał potajemnie swoje pierwsze artykuły pisane pod pseudonimem. Po kilku latach pracy Benjamin rozstał się z bratem i wyjechał do Filadelfii.

Czy zrobił dobrze? Miał w kieszeni jednego dolara, ale potrafił myśleć realistycznie. Był wykształconym samoukiem, znał od podszewki branżę drukarską i wydawniczą. Nie brakowało mu inteligencji, a do tego miał nieprzeciętne poczucie humoru i talent do układania aforyzmów. Czy to nie są wystarczające przesłanki dla tego, by realistycznie patrząc na okoliczności, wierzyć, że powodzenie jest w zasięgu ręki? I rzeczywiście było. W wieku 22 lat Franklin został współwłaścicielem zakładu drukarskiego i rozpoczął wydawanie dwóch gazet, które szybko zdobyły grono wiernych czytelników, głównie ze względu na interesujące artykuły samego Franklina.

To mu nie wystarczyło. Miał talent do dostrzegania w otaczającej go rzeczywistości elementów, które można naprawić, wzmocnić lub dodać, by społeczeństwu żyło się lepiej. Wszystko uważał za możliwe i działał tak, by realizować swoje nadzwyczaj śmiałe projekty. To za jego sprawą w Filadelfii powstała ochotnicza straż pożarna, policja, szpital i biblioteka. Potrafił dostrzec problem i znaleźć jego rozwiązanie. Straż i policja zwiększały bezpieczeństwo mieszkańców, szpital dawał opiekę chorym, a biblioteka rozwijała umysły.

Jednak to także nie były jego największe przedsięwzięcia. Największy projekt dotyczył organizacji kształcenia młodych ludzi. Analizując go, można zrozumieć pozytywne działanie myślenia realistycznego. Franklin z własnego doświadczenia wiedział, ile trudności sprawia samodzielne uczenie się (był samoukiem, poznał cztery języki), a jednocześnie doskonale zdawał sobie sprawę z tego, że wiedza jest w życiu niezwykle ważna. Miał świadomość, że dla wielu ludzi barierą nie do przeskoczenia w dostępie do nauki są pieniądze, a raczej ich brak. Otwarcie biblioteki było tylko początkiem działań na rzecz kształcenia zdolnej młodzieży. Postanowił otworzyć akademię. W dość krótkim czasie znalazł siedzibę, zatrudnił kadrę nauczycielską i zainaugurował działalność szkoły, która później przekształciła się w Uniwersytet Pensylwanii.

Barierę niemożności Franklin pokonywał jeszcze wielokrotnie i wielokrotnie też znajdował rozwiązania pojawiających się problemów. Zawdzięczał to realistycznemu, nieszablonowemu myśleniu. Pozwalało mu ono dostrzegać takie aspekty rzeczywistości, których nie widzieli inni. Wynalazł wiele przydatnych przedmiotów, między innymi piorunochron i soczewki dwuogniskowe. Zreformował pocztę tak, że po raz pierwszy zaczęła przynosić zyski. Odnosił sukcesy polityczne. Był współautorem Deklaracji niepodległości uchwalonej 4 lipca 1776 roku.

Franklin umiał dobrze dysponować zgromadzonym majątkiem. W testamencie zapisał Filadelfii i Bostonowi po 5000 dolarów. Nakazał jednak takie zarządzanie tymi pieniędzmi, by można było je spożytkować częściowo po stu latach, a w pełni dopiero po dwustu. W efekcie społeczności obu miast wzbogaciły się o wiele milionów. Jeszcze dziś dzięki tym pieniądzom otrzymują wsparcie młodzi rzemieślnicy, instytucje naukowe i kulturalne, między innymi Franklin Technical Institute w Bostonie i Muzeum Nauki w Filadelfii.

Niezwykłość Benjamina Franklina nie wynikała wyłącznie z jego rozlicznych talentów. Podziwiać można przede wszystkim jego podejście do kolejnych wyzwań. Po pierwsze dostrzegał je, po drugie podejmował, a po trzecie wytrwale poszukiwał dróg, które doprowadzą go do celu. Nie dzielił swojego zaangażowania na poszczególne dziedziny, szukał rozwiązań na ich styku, na poboczach głównej działalności. Najważniejsza była dla niego skuteczność. Jego wizje były równie śmiałe jak jego niezłomne dążenie do ich realizacji.

Tacy ludzie jak Franklin, Stevin i Babbage wskazują nam drogę. Dowodzą, że można przekraczać granice możliwości i dążyć do osiągnięcia nawet – zdawałoby się – nieosiągalnych celów. W tym momencie istotne jest oswajanie się z emocjami, stopniowe nabieranie odwagi. Zrozumienie, że wyrażenie: „To niemożliwe", pojawia się, gdy mamy obawy przed zajęciem się czymś. Stanowi rodzaj zasłony, za którą się chowamy, by nie powiedzieć: „Boję się za to zabrać". Czy warto z niej korzystać? Czy nie lepiej dać sobie prawo do błędu, ale zacząć realizować własne projekty, spełniać marzenia?

Pełne optymizmu myślenie realistyczne często powoduje, że pozytywne uczucia biorą górę nad niepewnością. Gdy zaś z wszechstronnej analizy sytuacji wyłoni się spójna wizja, kolejne kroki **stają się łatwiejsze**.

Rozdział 5

Studium przypadku

O wartości myślenia realistycznego w pełni przekonałem się, gdy postanowiłem rozwinąć jedną z moich firm reklamowych. Były to początki lat dziewięćdziesiątych. W pewnym momencie doszedłem do wniosku, że powinna ona stać się liderem reklamy na tramwajach i autobusach w Polsce. Początkowo nawet moim współpracownikom przedsięwzięcie wydało się nieosiągalną mrzonką. Mylili się, ponieważ decyzji tej nie podjąłem o tak, po prostu.

Zacząłem od przeanalizowania możliwości i zbadania rynku. Sam odwiedziłem wiele agencji reklamowych i rozmawiałem z potencjalnymi klientami. Chciałem dogłębnie poznać istniejącą ofertę oraz potrzeby konsumentów, a także dostrzec występujące na tym rynku problemy, których rozwiązanie umożliwiłoby mi realizację planów.

Wiedziałem, że potrzebuję wiedzy, której nie zdobędę w kraju, gdzie ten profil działalności reklamowej był jeszcze w powijakach. Poleciałem do Londynu, Paryża i Berlina, by dowiedzieć się, jak tam działa ta branża i co jest źródłem powodzenia agencji reklamowych, które są jej liderami.

Wynikiem moich analiz był szczegółowy biznesplan. Ale i to nie przekonało moich współpracowników. Ponieważ jednak dokładnie już wtedy znałem specyfikę rynku i byłem pewny sukcesu, nie zniechęciłem się i przystąpiłem do realizacji swojego planu.

Stwierdziłem, że przede wszystkim muszę zmodyfikować obsługę klienta. Doprowadzić do tego, żeby była wręcz doskonała, bo to była słaba strona konkurencji. Zadbałem o odpowiednie przeszkolenie handlowców. Przygotowałem nowy wzór umowy, tak by chroniła ona interesy obu stron, co w tamtym czasie nie było powszechną praktyką. Wprowadziłem nowatorską usługę umożliwiającą monitorowanie przebiegu kampanii. Klient mógł śledzić trasy, które pokonywał pojazd z reklamą jego firmy, dowiedzieć się, ilu pasażerów przewiózł i jakie miał przestoje.

Z miejskim przedsiębiorstwem komunikacji wynegocjowałem możliwość dostosowywania tras do pojazdów opatrzonych poszczególnymi reklamami. Klienci zareagowali entuzjastycznie. I choć nadal inni przypatrywali się moim działaniom z niedowierzaniem, wiedziałem, że postępuję zgodnie z zasadą realizmu. Określiłem precyzyjnie potrzeby klientów i... zaoferowałem im dokładnie taką usługę, jaka mogła je zaspokoić.

Odkryłem, że jest coś, czego dotąd nie robiła żadna z konkurencyjnych firm. Chodziło o całopojazdowe reklamy, obejmujące również okna pojazdu. Dlaczego do tej pory nikt z tego nie skorzystał? Agencje zakładały, że koszt przygotowania takich reklam jest zbyt wysoki. Przyjrzałem się temu fragmentowi rzeczywistości. Faktycznie, nakłady były wysokie, ale efekt znakomity. Pojazdy wyglądały jak wielkie mobilne billboardy. To musiało się rzucać w oczy i przełożyć na wymierne efekty reklamy.

Gdy zakładałem niewielką lokalną firmę reklamową w 1993 roku, miałem 22 lata. Po czterech latach zasięgiem działalności objęliśmy cały kraj i staliśmy się niekwestionowanym liderem na rynku reklamowym w Polsce, który liczył wówczas około 350 agencji. W 2000 roku co ósmy pojazd w kraju jeździł z naszą reklamą. Na tym jednak nie poprzestałem. Zastanawiałem się, jak rozpocząć współpracę z dużymi, liczącymi się w kraju firmami. To było kolejne ambitne marzenie. Nie zamierzałem z niego rezygnować, byłem uparty i zdeterminowany. Przyglądałem się różnym aspektom rynku, konfrontowałem z nimi swój pomysł i znalazłem rozwiązanie. Uznałem, że realizacja mojego kolejnego marzenia, które już wtedy przekształciłem w cel, wymaga współpracy z międzynarodowymi agencjami reklamowymi działającymi w Polsce. To one obsługiwały interesujące również mnie duże firmy .

Zastanawiałem się, co dalej? Miałem przecież ukształtowaną strukturę swojej 50-osobowej firmy. Zestawiłem ze sobą te dwie informacje. Uznałem, że łatwiej będzie dopasować nasz biznes do potrzeb realizacji celu niż wymagać od międzynarodowych agencji dostosowania się do nas. Postanowiłem, że uruchomię współpracę z dziesięcioma czołowymi agencjami. Nie było to zadanie łatwe. Zasada realizmu podpowiadała mi, że jeśli czegoś nie wiem, na przykład, jak zdobyć zaufanie potencjalnych partnerów, to muszę tak długo szukać rozwiązania, aż je znajdę. I najlepiej, by było ono nietuzinkowe. Kluczem do sukcesu w tym przypadku okazało się zatrudnienie skutecznej asystentki. Jej zadaniem było umawianie mnie na spotkania z osobami decyzyjnymi w agencjach, które widziałem w roli przyszłych partnerów biznesowych. Teraz to może wydawać się oczywiste, jednak wtedy wcale takie nie było. Owszem, umawiano spotkania, ale nigdy z osobami decyzyjnymi na poziomie rad nadzorczych czy zarządów. Mniej więcej po roku spotkań i negocjacji jedna z agencji dała nam zlecenie wykonania reklamy na tramwajach. Była to reklama marki Lipton firmy Unilever. Dalej wszystko potoczyło się już lawinowo. Wśród obsługiwanych klientów znalazły się inne znane marki: Danone, Procter & Gamble, Samsung, Gorenje.

To był wspaniały okres w moim życiu. Zrozumiałem, że dążąc do osiągnięcia ambitnych celów, należy korzystać ze wszelkich możliwych danych uzyskanych na różne sposoby. Trzeba mieć wiedzę ogólną i specjalistyczną, brać pod uwagę własne predyspozycje i po prostu działać w kierunku realizacji marzeń.

Moja firma rozwinęła się do tego stopnia, że zwrócił na nią uwagę jeden z bardziej znaczących funduszy inwestycyjnych w Europie, zainteresowany konsolidacją branży. W rozmowie z jego przedstawicielami usłyszałem, że wybrali moją agencję, ponieważ zobaczyli we mnie realistę i wizjonera jednocześnie. Tego właśnie szukali.

Zwróć uwagę na te słowa: realistę i wizjonera. Jak widzisz, jedno drugiego nie wyklucza.

Mało tego, jedno powinno łączyć się z drugim. Można działać i z rozmachem, i racjonalnie. Jeśli pamiętasz moje wcześniejsze słowa, wiesz, na czym to polega. Zamiast wskazywać powody, dla których coś jest niemożliwe do zrobienia, szukałem odpowiedzi na pytanie: jak osiągnąć zamierzony cel?

To był duży sukces. Zdobyłem dzięki niemu bezcenną umiejętność wnikliwego przyglądania się rzeczywistości i tworzenia w umyśle realnych wizji. Wkrótce więc wyznaczyłem sobie kolejne wyzwanie. Logicznym następstwem poprzednich działań było przyjrzenie się rynkowi reklamy samochodów dostawczych. Zacząłem, jak poprzednio, od analizy faktów. Szybko odkryłem, że trafiłem na niszę rynkową, niezagospodarowaną przez żadną liczącą się agencję. Realnie określiłem potencjał rynku. Dowiedziałem się, jak wiele firm ma własne floty samochodów dostawczych i jaka jest ich liczebność. Poznawałem potrzeby potencjalnych klientów. Następnie łączyłem zdobyte dane. Chodziło mi o przygotowanie jak najbardziej spójnej koncepcji, która mogłaby niemal gwarantować powodzenie przedsięwzięcia. Stworzyłem w tym celu nowy dział w firmie i mianowałem kierownika. Okazało się, że nie był to dobry wybór. Potrzebowałem partnera pełnego wiary w nowy projekt, bo poprzeczkę postawiłem wysoko. Założyłem, że w pierwszym roku zdobędziemy klientów na 200 samochodów. Świeżo mianowany kierownik uznał, że to... nierealne! Taki wniosek wysnuł, ponieważ uznawał za prawdziwą tylko jedną przesłankę – z danych wynikało, że w roku poprzednim nasza firma wykleiła zaledwie 30 takich pojazdów. Innych faktów nie przyjmował do wiadomości. Choćby tego, że dotąd nie koncentrowaliśmy się na tym segmencie rynku, że była to nasza dodatkowa działalność. Nie uznał także za istotne zebranych już danych o potrzebach klientach i możliwościach ich zaspokojenia. Nie chciał realnego odzwierciedlenia rzeczywistości. Szukał powodów, które doprowadziłyby do rezygnacji z projektu. Tylko takich. Dodatkowym argumentem przeciwko podjęciu działań było to, że... żadna agencja na rynku nie zajmuje się tym, czym my chcemy się zająć. Czyli tam, gdzie ja dzięki realistycznemu myśleniu widziałem szansę, on przez źle rozumiany realizm (pesymistyczny) upatrywał dowodu wskazującego na pewną porażkę. Odezwały się w nim lęki i kompleksy. Trudno się więc dziwić, że nie widział siebie w roli lidera prowadzącego załogę do zwycięstwa. Co zrobiłem w tej sytuacji? Najprościej byłoby zwolnić tego człowieka. Postanowiłem jednak tego nie robić. Miałem nadzieję, że gdy pomogę mu zobaczyć, że cel jest ambitny, ale realny, i że są mocne przesłanki potwierdzające to przekonanie, przełamie się i podejmie wyzwanie. Niestety, tak się nie stało. W końcu dał za wygraną i odszedł z firmy.

Kierownik, który przyszedł na jego miejsce, uwierzył w mój plan. Poszedł za moim tokiem myślenia. I co najważniejsze, zaczął działać w precyzyjnie wyznaczonym kierunku. Postanowiliśmy na początek zająć się branżą mleczarską. Działało w niej wówczas wiele firm dysponujących setkami samochodów, na przykład zakłady mleczarskie Mlekovita, Danone czy mleczarnia Grajewo, producent mleka Łaciate. Wiedziałem, że firmy te wydają pieniądze na różne formy reklamy (także na autobusach i tramwajach). Wiedziałem także, że w innych krajach europejskich praktycznie każde przedsiębiorstwo traktowało swoje samochody jak ważny nośnik reklamowy. Wniosek był oczywisty. Zainwestowanie w nasz produkt po prostu się im opłacało.

W pierwszym roku pozyskaliśmy pięć dużych firm z branży mleczarskiej, co dało nam 235 oklejonych reklamą pojazdów. Przekroczyliśmy liczbę założoną w planie. Mimo to nie przestaliśmy się rozwijać. Wyznaczaliśmy kolejne ambitne cele. Szkoliłem pracowników zgodnie z opracowaną przeze mnie listą argumentów sprzedaży.

Dzięki temu potrafili odpowiadać z marszu na najczęściej pojawiające się zapytania klientów i rozstrzygać ich wątpliwości za pomocą rzeczowej argumentacji. Uczyłem ich, jak odpowiadać na pytania dotyczące wysokich kosztów reklamy, jak mówić o korzyściach z inwestycji. Odpowiedzi opracowywałem bardzo skrupulatnie. Wziąłem pod uwagę wszystkie istotne dla klienta aspekty. Chciałem, by przed podjęciem decyzji, podobnie jak ja, miał szansę jak najbardziej realnie zobaczyć i ocenić rzeczywistość, czyli sytuację, w jakiej się znajduje. Pomagałem mu podjąć decyzję, całkowicie przekonany, że będzie ona korzystna i dla mnie, i dla niego.

Oczywiście, nie za każdym razem wszystko odbywało się tak, jak to zaplanowałem. W pewnym momencie zetknęliśmy się z dość niespodziewanym problemem. Okazało się bowiem, że spotkania z szefami i przedstawicielami działów marketingu firm, z którymi zaplanowaliśmy współpracę, są nieefektywne. Nie mogliśmy się z nimi porozumieć. Normą było długie oczekiwanie na odpowiedź albo uzyskiwanie odpowiedzi niekonkretnej, wymijającej. Byliśmy zbywani.

Przeanalizowałem fakty i doszedłem do wniosku, że właściwą drogą będzie dotarcie do zarządów firm, a czasami nawet do członków rad nadzorczych, by to właśnie ich przekonać do naszych usług. Szefowie marketingu nie posiadali wystarczających kompetencji. Często też nie mieli odwagi, by podjąć decyzję, gdy nie byli pewni reakcji zarządu. Niby nas wysłuchiwali i przytakiwali nam, ale w gruncie rzeczy nowatorski pomysł reklamy wydawał im się zbyt ryzykowny (zwłaszcza dla nich samych). Nie wierzyli w niego, więc nie mieli motywacji, by zainteresować nim własnych szefów. Nie chcieli brać na siebie odpowiedzialności za inwestowanie w nową, niesprawdzoną w Polsce formę reklamy.

Moja diagnoza sytuacji znów okazała się słuszna. Menadżerowie średniego szczebla w wielu firmach przede wszystkim bronią własnego *status quo*, prezesi natomiast zwykle mają silną pozycję, więc nie boją się podejmowania decyzji. Dotarcie do prezesów otworzyło nam drogę do dalszego rozwoju. Po sukcesie w pierwszym roku postawiliśmy sobie za cel w kolejnym roku 1000 pojazdów (czyli pięć razy więcej niż zakładał plan w poprzednim roku). Według moich analiz była to realna liczba. Zatrudniłem nowych handlowców, przeanalizowałem przypadki niepowodzeń.

Jedyny problem stanowiła niewystarczająco efektywna dla naszych potrzeb praca działu wykonawstwa. Nie nadążaliśmy z realizacją zamówień. Istotnym wyzwaniem stała się więc logistyka. To była kolejna przeszkoda do obejścia lub przeskoczenia. Postanowiłem związać się z partnerem o zasięgu globalnym, który mógłby nas wspomóc swoim doświadczeniem. Ponowna analiza firm potencjalnie nadających się do tego przyniosła odpowiedź: najlepsza będzie firma 3M, amerykański koncern produkujący 55 000 produktów, założony w 1902 roku i zatrudniający 75 000 ludzi. Kupowałem od niej bardzo dobre jakościowo folie oraz zdobywałem strategiczne informacje. W drugim roku wykleiliśmy ponad 1200 samochodów i nie mieliśmy już problemu z realizacją tak ogromnej liczby zamówień.

Starałem się zapewniać moich pracowników o realności celów, coraz bardziej ambitnych. Pokazywałem, że każda wizyta we właściwych firmach, mających po kilkaset samochodów, staje się ogromną szansą na podpisanie nowego kontraktu. Moi współpracownicy byli dumni z tego, że w naszej branży staliśmy się liderem w Polsce. Na przykład z 12 liczących się firm kurierskich na rynku obsługiwaliśmy dziewięć. Każda z nich miała średnio po 350 samochodów.

Kolejnym naszym celem była firma, która dysponowała 1700 pojazdami. To było trudne, bo już ją obsługiwała inna duża agencja ze stolicy. Moi współpracownicy tym razem zwątpili, czy rzeczywiście zdobędziemy to zlecenie. Jednak realne spojrzenie na sposób zaspokajania potrzeb firmy przez tę agencję dowiodło mi jasno, że nie spełnia ona wszystkich wymagań tak dużego klienta. Najważniejszym z nich była szybkość oklejania pojazdów na terenie całego kraju. Dowiedziałem się tego podczas spotkania z członkiem rady nadzorczej tej firmy. Okazało się, że musieli nieraz czekać nawet sześć dni, ponieważ obsługująca ich agencja nie miała oddziałów w innych miastach. My również ich nie mieliśmy, bo dotąd nie było takiej potrzeby, ale zobowiązaliśmy się skrócić czas oczekiwania do 24 godzin. Skorzystaliśmy z metody skutecznej we wcześniejszych naszych działaniach. Skoro sami nie możemy tego zrobić, będziemy szukać sojuszników. Stały się nimi agencje z różnych miast, z którymi podpisaliśmy stosowne umowy.

 Z rozmów z członkiem rady nadzorczej dowiedziałem się także, że nie do końca dobrze był rozwiązany problem reklamacji. Zwyczajowo agencje dawały sobie na to trzy dni. My zaoferowaliśmy 36 godzin. Efekt? Podpisanie umowy z dużym klientem, co przełożyło się bezpośrednio na sukces firmy, wzrost zadowolenia jej pracowników i wiarę w możliwość dalszego rozwoju.

Historia mojej firmy jest przykładem stosowania zasady realizmu na co dzień. Niektórzy posługują się tą metodą intuicyjnie. Warto jednak nauczyć się wykorzystywać ją świadomie. Łatwiej wtedy dociec przyczyn niepowodzeń i szukać innej drogi. Czasem nie wszystko idzie po naszej myśli, ponieważ brakuje nam odwagi i rozmachu. Niekiedy nie wystarcza determinacji.

Przykład, który podałem wyżej, nie oznacza, że podobnie działo się za każdym razem, kiedy nakreśliłem sobie cel i chciałem go zrealizować. Doświadczałem również porażek. Targały mną wątpliwości, traciłem wiarę w powodzenie moich zamiarów. Takie chwilowe spadki nastroju, chęci, wiary w siebie dotykają każdego z nas. Z czasem jednak nauczyłem się, że porażki są nie tylko nieuchronne, lecz także przydatne. Nauka, jaką z nich możemy wynieść, okazuje się bezcenna. To nasze osobiste doświadczenie, które w kolejnych próbach może pomóc nam dokonywać dobrych wyborów i z coraz większym powodzeniem stosować zasady realistycznego myślenia. Samodzielność i znajdowanie rozwiązań to kwestia ćwiczeń, wiary w siebie i we własne możliwości.

Rozdział 6

Realizm w praktyce

W jaki sposób wypracować w sobie realizm optymistyczny? Poprzez kształtowanie postawy otwartej i gotowości na zmianę, niezrażanie się przeciwnościami i postrzeganie siebie jako wartościowego człowieka. Codziennie każdy z nas napotyka problemy i wyzwania. Codziennie mierzymy się z jakimiś trudnościami. Jeśli są banalne i nieistotne dla naszych dalszych celów, nawet ich nie zauważamy. Bo czy można zająć się dłużej wyborem między dwoma podobnymi produktami spożywczymi w pobliskim sklepie albo rozwiązywaniem dylematu, co zrobić najpierw: zatankować benzynę czy załatwić sprawę w urzędzie?

Inne problemy i wyzwania mogą się okazać bardzo ważne, a od podjętych decyzji może zależeć nasze dalsze życie. Są też decyzje pośrednie, których wpływu na naszą przyszłość nie jesteśmy w stanie przewidzieć. Do tych wyzwań powinniśmy podchodzić z optymistycznym realizmem. Jak kształtować w sobie taką postawę? Najlepiej pracować równocześnie nad wszystkimi elementami, które ułatwią nam podejmowanie decyzji, czyli nad poznawaniem siebie, wyobraźnią, wiedzą, wiarą w istnienie rozwiązań oraz procedurami myślenia.

Nie pierwszy raz zachęcam do poznawania siebie. Przypatrujmy się swoim reakcjom, dostrzegajmy mocne i słabe strony swojej osobowości, dbajmy o równomierne rozwijanie kluczowych cech, by pomagały nam w realizacji celów. Jeśli nauczymy się przewidywać swoje reakcje, będziemy świadomi własnej wartości i zaczniemy rozpoznawać, w jakich sytuacjach potrafimy zachować się odważnie, a w jakich będzie to dla nas trudne, nabierzemy zaufania do siebie i do swoich decyzji. Wiara w siebie i poczucie własnej wartości uodparniają na nieprzyjemne sytuacje. Każda z nich kiedyś mija, a koniec jakiegoś etapu w życiu może być początkiem czegoś znacznie lepszego. Nie warto skupiać się na rozpamiętywaniu strat. Z porażek powinno się wyciągnąć wnioski, zapisać je po stronie cennych doświadczeń i ruszyć dalej ku nowym celom. Pamiętać też należy, że w powszechnym rozumieniu zbyt często realizm jest związany z określeniami: materialny, przeliczalny, faktyczny. Zapomina się, że realny to jednak przede wszystkim: możliwy, osiągalny, wykonalny.

Wśród elementów istotnie wpływających na rozwój optymistycznego realizmu dużą rolę odgrywa wyobraźnia. Wyobraźnia pozwala nam na marzenia i na przekształcanie ich w konkretne cele. Pozwala chodzić poboczami dostępnych dotychczas rozwiązań i dokonywać kolejnych przybliżeń rzeczywistości. Pozwala też wizualizować cele, zobaczyć siebie w roli zwycięzcy oraz beneficjenta korzyści, jakie przyniesie zrealizowanie zamiaru. To pierwszy jego sprawdzian. Na podstawie wyobrażenia własnych odczuć możemy zrobić wstępną selekcję, odpowiedzieć sobie na pytania: „Czy to odczucie warte jest zachodu?", „Czy dla tego odczucia chcę przejść całą drogę do celu?", „Czy chcę podjąć ten trud?".

Wyobrażenie to jednak nie wszystko. Potrzebna jest także wiedza na temat, którego będzie dotyczyła decyzja. Najpierw więc pomyślmy, co ta wiedza powinna obejmować, a następnie ustalmy, co powinniśmy poznać i czego się dowiedzieć, żeby decyzje w sprawie wytyczenia drogi do celu były możliwie najlepsze. Wiedza to nie tylko wiadomości podręcznikowe i internetowe. To także specjalistyczne dane dotyczące konkretnego obszaru: firmy, sytuacji rynkowej, sytuacji politycznej lub jakiejkolwiek innej. Warto tu skorzystać z doświadczeń naprawdę dobrych doradców. Nie tylko dostarczą nam oni danych potrzebnych, żeby realistycznie spojrzeć na planowane zamierzenie, lecz także pomogą przeanalizować te informacje, by nie umknęło nam coś, co może okazać się potem przeszkodą w realizacji celu. Trzeba jednak pamiętać o mądrej selekcji treści i firm doradczych. Nie należy czytać tekstów nijakich i słuchać ludzi, którzy niewiele mają na dany temat do powiedzenia.

Do obszaru wiedzy zaliczam też inspirujące przykłady. Ludzi, którzy odważyli się pójść własną drogą i realizować dalekosiężne plany. Warto o nich czytać, warto ich poznawać. Szukajmy w ich postępowaniu odpowiedzi na pytania: „Jak osiągali swoje cele?", „Czy i gdzie znaleźli wsparcie?", „Jaką bazą dysponowali?", „Czy spełniam te warunki, a jeśli nie, co jeszcze powinienem zrobić?". Pytań możesz przygotować więcej – w zależności od potrzeb. Po przyjrzeniu się osobom, które Cię fascynują, na wiele z takich pytań sam znajdziesz odpowiedzi.

Pomoże Ci w tym przeanalizowanie wszystkiego, czego już dowiedziałeś się na temat swojego projektu. Zachowaj przy tym jak największy obiektywizm. Wymaga to zaangażowania i wytrwałości. Nie warto iść na skróty i oczekiwać szybkich i łatwych wyników.

Czasem, by jakieś zamierzenie stało się realne, powinniśmy zdobyć wiele nowych informacji, a niekiedy pozyskać do współpracy specjalistów. Nie obawiaj się tego. Powinieneś się we wszystkim orientować, ale nie musisz na wszystkim się znać. Są ludzie, którzy potrzebną wiedzę, zwłaszcza w wąskich specjalizacjach, zdobywali latami. Tobie też zajęłoby to lata, więc po co to robić? Skorzystaj z ich doświadczenia. Henry Ford pytany o szczegóły dotyczące produkowanych pojazdów zawsze odsyłał pytającego do kompetentnego specjalisty. Wychodził z założenia, że nie musi wszystkiego wiedzieć sam, może mieć pracowników z odpowiednimi kwalifikacjami. To pozwalało mu realizować najbardziej ambitne plany. Warto brać przykład z takiej postawy.

Kolejnym ważnym elementem optymistycznego realizmu, który jest konieczny, żeby wiedza, doświadczenie, wyobraźnia i znajomość własnej osobowości zadziałały, są procedury myślenia. Możemy konstruować w myślach różne uzasadnienia własnych decyzji, na przykład: „Nie, bo nie", „Tak, bo ja tak chcę". Do każdej możemy dobrać argumenty, które dowiodą słuszności przyjętej z góry tezy. Nasz umysł usłużnie je nam podsunie. Nie jest to jednak dobra droga. I nie jest to realizm. Myślenie realistyczne polega na oświetleniu celu, problemu czy wyzwania z różnych stron. Na wnikliwej analizie, która pozwoli przewidzieć nawet bardzo odległe efekty wybranego rozwiązania. Można ją przeprowadzić za pomocą odpowiednich procedur. Takich, które pozwolą zminimalizować ryzyko błędu, ale nie będą tłumić kreatywności.

Edward de Bono opracował znakomitą metodę myślenia prowadzącego do rozwiązań opartych na wszechstronnej znajomości stanu rzeczy. Opisał ją w książce *Sześć kapeluszy myślowych*. Jest stosowana z powodzeniem w wielu przedsiębiorstwach i korporacjach. Na czym polega? Przypuśćmy, że zespół do opracowania nowego projektu składa się z 24 osób. Dzieli się go na 6 grup. W każdej będą więc 4 osoby. Poszczególnym grupom przydziela się „kapelusze" w określonym kolorze, z których każdy oznacza sposób, w jaki grupa ma się przypatrzeć problemowi. Biały pozwala podawać wyłącznie fakty. Czerwony każe opierać się na intuicji, przypuszczeniach i swoim stosunku do projektu. Czarny to kapelusz pesymisty, kierujący poszukiwania w stronę wszelkich możliwych zagrożeń. Kapelusz żółty, przeciwieństwo czarnego, uprawnia do zbierania wyłącznie pozytywnych stron projektu, zielony wymaga włączenia kreatywności i formułowania nowych rozwiązań, a niebieski podsumowuje dyskusję. Szczegóły znajdziesz w wyżej wymienionej książce. Czym różni się ta metoda od zwykłego zastanawiania się nad problemem bądź wyzwaniem? W grupie, zwłaszcza w zespole ludzi pracujących na różnych, zależnych od siebie kompetencyjnie stanowiskach niekiedy niełatwo zdobyć się na wyrażenie własnego zdania. Jeśli na przykład pomysł jest kontrowersyjny, a podał go bezpośredni przełożony, trudno będzie głośno wyrazić swoje zastrzeżenia. Gra w sześć kapeluszy zakłada przyznawanie każdemu określonej roli. Nie można wybrać „kapelusza". Konkretna osoba nie ma więc wyjścia i „musi" podać wątpliwości, „musi" znaleźć dane, „musi" tryskać optymizmem bez względu na to, co sama myśli. Nie wyraża bowiem swoich przekonań, tylko wykonuje zadanie polegające na spojrzeniu na problem z wyznaczonej perspektywy.

Ta metoda może być przydatna także w rozwiązywaniu własnych problemów i przy formułowaniu własnych celów. Przypomnę to, co pisałem o działaniu umysłu, który ma zwyczaj nam „pomagać". Jeśli mamy jakiś problem, dość łatwo znajdujemy jego rozwiązanie (a raczej wydaje nam się, że je znaleźliśmy). Zazwyczaj jest ono zgodne z naszymi przypuszczeniami. Nie jesteśmy świadomi, że umysł podpowiada nam takie argumenty, by nasze przeczucie się sprawdziło i byśmy mogli czuć się komfortowo. Czy te argumenty będą nieprawdziwe? Nie, każdy z nich będzie zgodny z rzeczywistością. Tyle że... to nie będzie jej pełna analiza, więc możemy dojść do fałszywych wniosków.

Mówi się, że jeśli dwie osoby patrzą na to samo, to każda z nich widzi coś innego. Co zrobić, żeby nie sądzić tylko po pozorach? Jak nie podejmować decyzji w oparciu o jednokierunkowe podpowiedzi naszego umysłu? Jak patrzeć realistycznie i zobaczyć tyle elementów rzeczywistości, żeby stworzony z nich obraz nie był przekłamany? W tym celu możemy zastosować opisaną wyżej metodę de Bono. Tyle że sami kolejno „nakładamy kapelusze" i zastanawiamy się nad każdym aspektem problemu bądź wyzwania osobno. Dopiero na tej podstawie dokonujemy wyboru celu, strategii lub metody postępowania. Możemy też zastosować technikę polegającą na odpowiadaniu na konkretne pytania, które sami postawimy i dopasujemy do konkretnej sytuacji. Przykładowy zestaw pytań do wstępnej oceny pomysłu lub rozwiązania problemu może wyglądać tak:

- Czy projekt jest zgodny z moimi wartościami?
- Czy mam ochotę się nim zająć? Dlaczego?
- Jakie korzyści będę mieć z realizacji projektu?
- Kto jeszcze będzie miał korzyści z projektu?
- Czy ktoś straci na projekcie?
- Jakie zagrożenia mogę napotkać?
- Co wiem na tematy związane z projektem?
- Czego jeszcze muszę się dowiedzieć?
- Kto może mnie wspomóc w realizacji projektu? Dlaczego miałby chcieć to zrobić?

- Które z moich silnych stron wpłyną pozytywnie na realizację projektu?
- Które z moich słabych stron mogą spowolnić projekt lub spowodować jego niedokończenie? Jak mogę temu zapobiec?
- Które z moich dotychczasowych osiągnięć pokazują, że realizacja projektu będzie możliwa?

Możesz do tego zestawu dodać jeszcze kilka innych pytań, jeśli uznasz je za konieczne lub potrzebne. Każdą odpowiedź zapisz na oddzielnej kartce.

Następnie osobno ułóż wszystkie kartki z argumentami pozytywnymi (za podjęciem realizacji pomysłu), osobno zaś te, na których zapisałeś argumenty negatywne. Teraz dokonaj analizy. Nie patrz jednak wyłącznie na liczbę argumentów, lecz także na ich jakość i wagę. Swoją ocenę możesz wyrazić zróżnicowanymi kolorami, na przykład dla argumentów pozytywnych użyj barwy zielono-niebieskiej, a dla argumentów negatywnych żółto-czerwonej. Kolor czarny pozostaw dla argumentów neutralnych lub takich, których wagi nie jesteś jeszcze w stanie ocenić.

Jak widzisz, realizm można wyćwiczyć. Jeśli już wiesz, że nie polega na „szukaniu dziury w całym", tylko na wszechstronnej analizie sytuacji oraz świadomości potencjału, jaki każdy z nas ma do wykorzystania, możesz zacząć realizować marzenia, które być może czekają na to od lat.

Rozdział 7

Życie według własnego planu

Życie według własnego planu jest połączeniem racjonalnego myślenia z zaangażowaniem emocjonalnym. Czy to w ogóle jest możliwe? Czy to nie sprzeczność? Przykład Thomasa A. Edisona dowodzi, że nie. To właśnie jego czysta nieskrępowana radość wynikająca z tworzenia i odkrywania nowych możliwości doprowadziła do wynalezienia wielu niezwykle użytecznych dla ludzkości urządzeń. Nie przeszkodziły mu w tym porażki, które wykorzystywał do modyfikowania i ulepszania pomysłów. Bez wątpienia Edison był człowiekiem wybitnym, o ogromnym potencjale, nic jednak nie stoi na przeszkodzie, byśmy naśladowali go, starając się być wynalazcami, odkrywcami, prekursorami w swoich dziedzinach. Kreatorami rzeczywistości.

Tak się może zdarzyć pod warunkiem, że zaczniemy żyć według własnego planu. Obserwujmy innych, korzystajmy z dobrych wzorów, ale nikogo nie naśladujmy. Szukajmy własnych celów, na tyle inspirujących, by dążenie do ich realizacji stało się naszą pasją. Na tym gruncie rozwijajmy racjonalność myślenia, by z kolei pasja nie przysłoniła nam istoty życia, czyli naszych wartości i ludzi, którzy są w naszym otoczeniu i nas potrzebują.

Jak na realizację celów wpływają emocje? Niestety, nie zawsze pozytywnie. Dobrze by było podejmować życiowe decyzje, kierując się jedynie rozumem. Na chłodno i bez ekscytacji, po głębokim namyśle... Niestety, trudno całkowicie pominąć emocje i poprzestać na racjonalnym, obiektywnym myśleniu. Rozum i serce to połączenie nierozerwalne. Nasze funkcjonowanie w świecie zależy w równym stopniu od rozumu, co od uczuć i emocji. Z pomocą realizmu możemy jednak zapanować nad myślami, którymi karmią się emocje, i dzięki temu mieć kontrolę nad własnym życiem. Nie godzić się z tym, jak biegnie, lecz zaplanować je tak, by dawało satysfakcję.

Na początek zadaj sobie pytanie: „Czy jesteś zadowolony ze swojego życia?"... Jeśli dałeś odpowiedź twierdzącą, to wspaniale! Odpowiednio kierujesz swoimi myślami i dostrzegasz pozytywne aspekty życia, a one wywołują dobre emocje. Jeżeli jednak w Twoim otoczeniu, pracy, relacjach z bliskimi coś Ci przeszkadza lub chciałbyś, żeby wyglądało to inaczej niż obecnie, nie zastanawiaj się dłużej, lecz sprecyzuj, co zmienić. Zamiast zatrzymać się na stwierdzeniu: „Jest źle", idź o krok dalej i zaproponuj rozwiązanie. Włącz realizm. Pomyśl, co zrobić, by pewność siebie, optymizm i wiara w przyszłość stały się naturalnym stanem Twojego umysłu. Stawiaj sobie ambitne cele. Myśl o ich urzeczywistnianiu pozytywnie, z radością i wiarą w powodzenie. Znajdź w sobie tyle odwagi, żeby nie ulec presji otoczenia i nie poddać się.

Przykładem na wagę i znaczenie realizmu w życiu może być kwestia wyboru partnera. To trudne, gdyż często – nie zdając sobie z tego sprawy – myślimy życzeniowo. Widzimy w człowieku, z którym chcemy się związać, kogoś, kim on nie jest. Chcemy, by spełniał nasze oczekiwania i wyimaginowane warunki. Nie jesteśmy w stanie dostrzec, jaki jest naprawdę. Nie chcemy tego zrobić. Do czego takie postrzeganie prowadzi? Albo będziemy brnąć w zaprzeczenia i udawać przed sobą, że osoba, z którą łączymy swoją przyszłość, jest inna i trwać w toksycznym związku, co będą widzieć wszyscy dookoła, tylko nie my. Albo też po jakimś czasie rozczarujemy się ogromnie i zerwiemy związek. Może to być krzywdzące dla człowieka, który przecież aż tak znacznie się nie zmienił, tylko my zbyt późno zauważyliśmy, jak bardzo się różni od naszych wyobrażeń.

Czy można oszczędzić sobie rozczarowań i konfliktów? W stu procentach zapewne nie, ale można przynajmniej ograniczyć ryzyko ich wystąpienia, jeśli użyjemy realizmu. Należałoby zrezygnować z naiwnego myślenia w stylu: „Po ślubie już nie będzie taki zazdrosny", „Po ślubie nie będzie tyle czasu spędzać na czytaniu książek", „Po ślubie zawsze i wszędzie będziemy chodzić razem". Odważ się pytać o to, co dla Ciebie ważne. Jeśli chcesz mieć dzieci, dowiedz się, czy Twoja przyszła druga połowa widzi się w roli rodzica. Jeśli nie, to zastanów się, czy będziesz w stanie zaakceptować tę decyzję? Możesz mnie teraz zapytać: „A co z miłością? Czy ona się nie liczy?". Pozwól, że z kolei ja zadam Ci pytanie: „Co nazywasz miłością? Ten stan chwilowego zauroczenia? Fascynację seksualną?". Spójrz na to realistycznie. Gdyby to te przemijające uczucia były miłością, to wszystkie pary powinny się rozstawać, gdy tylko minie pierwszy okres związku. Stephen Covey zauważył w jednej ze swoich książek, że wyraz „kochać" jest czasownikiem, czyli oznacza działanie. Skoro tak, to jeśli dobrze wybierzesz, możesz zatrzymać miłość. W jaki sposób? Słuchaj, współczuj, służ pomocą, poświęcaj się, doceniaj, motywuj. Czy nie sądzisz, że gdyby ludzie w ten sposób się zachowywali, zasadniczo zmalałaby liczba rozwodów? I czy to nie jest podejście realistyczne?

Innym momentem istotnym w życiu człowieka jest wybór drogi życiowej, decyzja o wyborze zawodu, uczelni i kierunku studiów. Czym młody człowiek powinien się kierować, by ta decyzja była mądra i właściwa? Zapewne domyślasz się odpowiedzi – realizmem. Powinien więc odpowiedzieć sobie na następujące pytania: „Czy mam odpowiednie predyspozycje?", „Czy będę miał szansę wykorzystać swój talent?", „Czy poradzę sobie z egzaminami?", „Czy wyobrażam sobie siebie wykonującego zawód, którego się wyuczę?", „Czy ta praca przyniesie mi zadowolenie i będzie sprawiać satysfakcję?".

Tylko uczciwe odpowiedzi na takie pytania pozwolą dokonać mądrego wyboru. Jeśli w młodości człowiek podejmie dobrą decyzję, czas nauki będzie dla niego okresem twórczym i rozwijającym, a wykonywany później zawód okaże się prawdopodobnie tym wymarzonym. Wybór kierunku edukacji może zaważyć na jakości całego życia.

Najgorsze, co można zrobić w tej sytuacji, to ulec namowom kolegów lub rodziców. Decyzja oparta na sentymentach bądź przesłankach koniunkturalnych często okazuje się błędna. Świadczą o tym historie życia młodych ludzi, którzy wybrali kierunek edukacji, kierując się radami rodziców. To się często zdarza, bo w wielu rodzinach i środowiskach panuje pewnego rodzaju presja na dziedziczenie profesji. Lekarze nader często pragną, by ich latorośl studiowała medycynę, sędziowie i adwokaci kierują synów i córki do szkół prawniczych, rzemieślnicy nie wyobrażają sobie, by ich dzieci nie kontynuowały dzieła rodziców w rodzinnym warsztacie. W pewnym sensie takie postępowanie da się zrozumieć. Istnieje wiele wspaniałych rodzinnych przedsiębiorstw rozwijających się prężnie od pokoleń. Decyzje w tej sprawie powinny jednak wynikać z wewnętrznego przekonania ludzi wchodzących dopiero w dorosłe życie. Nie zawsze jest tak, że syn piłkarza ma we krwi grę w piłkę. Należy zdawać sobie z tego sprawę i nie mieć pretensji do dziecka, gdy nie chce być kolejnym ogniwem rodzinnej tradycji – nie chce być tym, kim jest jego ojciec czy matka. Niestety, czasami nastolatek ulega presji, bo nie potrafi się jej przeciwstawić. Obowiązkiem rodziców jest pozwolić dziecku pójść w wybranym kierunku, nawet jeśli jest skrajnie odmienny od ich wyobrażeń.

Nie powinno się wywierać nacisku ani wzbudzać poczucia winy, gdy dziecko chce pójść własną drogą. Jakkolwiek nazwie się tę drogę: powołaniem, predyspozycjami, wewnętrznym przekonaniem czy – bardziej poetycko – głosem serca, jej wybór będzie miał wpływ na późniejsze sukcesy bądź porażki młodego człowieka. Jeśli uszanujemy jego decyzję, odniesiemy korzyści także my. Nagrodą będzie szczęście naszego dziecka i dobre relacje z nim.

Przestrogą dla nas może być historia młodego chłopaka z Ukrainy, który – jak przyznał – nie mógł porozumieć się z rodzicami. Oni, z zawodu lekarze, marzyli, aby ich ukochany i jedyny syn poszedł w ich ślady i został lekarzem. Ale Siergiej o tym nie marzył. Ku zaskoczeniu rodziców od najmłodszych lat życia interesował się włosami. Lubił ich dotykać, patrzeć na nie.

Gdy nieco podrósł, z upodobaniem przeglądał katalogi fryzjerskie, czytał o strukturze włosów i możliwościach ich przemiany dokonującej się poprzez różnorodne stylizacje. Obserwował też ludzi i oceniał ich włosy. Mógł o tym opowiadać godzinami. Już jako kilkunastolatek strzygł kolegów. Koleżankom natomiast podpowiadał, jakie fryzury są modne i jakie pasują do konkretnej twarzy, kształtu głowy i karnacji. Naciskany przez rodziców wreszcie powiedział im, że w przyszłości zamierza zostać fryzjerem.

Byli załamani. Tłumaczyli mu, że to wstyd, że to zawód nie dla niego, że wybiera go tylko młodzież bez ambicji. Nic nie pomagało. Dla Siergieja fryzjerstwo było prawdziwą pasją. W przekonywanie go, że jednak powinien pójść na studia – jeśli już nie medyczne, to może chociaż inżynierskie – włączyła się niemal cała rodzina. W końcu nie wytrzymał szantażu emocjonalnego, jakim zaczęli posługiwać się bliscy, i wyjechał do USA. A właściwie uciekł z wycieczki, na którą się udał z grupą przyjaciół.

Jak się domyślasz, Siergiej znalazł sposób na realizację swojego marzenia. Na początek zatrudnił się w zakładzie fryzjerskim w małej miejscowości na południu Stanów Zjednoczonych. Już po dwóch latach przeniósł się do Nowego Jorku, a następnie do Nowego Orleanu. Dzisiaj ma kilka salonów fryzjerskich i całą rzeszę wiernych klientów. Jest szczęśliwym człowiekiem. Jego rodzice są teraz z niego dumni i chwalą się nim przed innymi. Siergiej zapytany kiedyś przez klienta, dlaczego zajął się włosami, choć mógł zostać lekarzem, prawnikiem lub inżynierem, powiedział, że nic innego nie mógłby robić z takim poświęceniem i oddaniem. Stał się prawdziwym profesjonalistą, a więc ekspertem w swojej dziedzinie, proszonym często o porady lub konsultacje. Spełnił swoje marzenie, nauczył się poprzez zmianę wizerunku wpływać na poczucie własnej wartości innych ludzi i dawać im radość.

Ta historia jasno pokazuje, że nie jest najważniejsze, jaką przyszłość rodzic widzi dla swego dziecka, ale gdzie widzi siebie dziecko. W tym przypadku wszystko dobrze się skończyło, bo Siergiej miał mocny charakter, wykazał sporą odporność na emocjonalne działania najbliższego środowiska. Miał odwagę podążać za tym, co było jego przeznaczeniem. Gdyby jednak było inaczej? Gdyby miłość do rodziców przesłoniła mu myślenie o własnej przyszłości i stłumiła marzenia? Gdyby był bardziej uległy? Może w tej chwili zamiast być spełnionym fryzjerem byłby zblazowanym i nieszczęśliwym lekarzem?

Jak zatem pomóc nastolatkowi w wyborze zawodu? Niezbędny jest właśnie realizm, który podpowiada, żeby – zamiast narzucać dziecku jakąś profesję – obserwować jego predyspozycje oraz upodobania i wskazywać różne drogi życiowe, które pozwoliłyby mu wykorzystać jego mocne strony. Ale wybrać dajmy mu samodzielnie.

Szczególnego wsparcia potrzebują dzieci wybitnie utalentowane. Jest na to wiele przykładów, także w historii kultury polskiej. Fryderyk Chopin może nie byłby tak znakomitym i znanym na całym świecie kompozytorem, gdyby nie jego rodzice, którzy w porę zauważyli wyjątkowość swojego syna i stworzyli mu odpowiednie warunki do rozwoju talentu. Podobno już jako niemowlę Fryderyk uspokajał się przy dźwiękach fortepianu, a w wieku kilku lat sam grał zasłyszane melodie. Rodzice niezwłocznie zatrudnili nauczyciela muzyki, którego uczeń w krótkim czasie przerósł. Świadomi predyspozycji i ogromnego potencjału swego dziecka robili wszystko, by umożliwić mu rozwijanie tego niezwykłego daru.

Każdy człowiek ma jakieś uzdolnienia i talenty. W ich odkrywaniu pomagają metody sprawdzone naukowo. Specjalne testy potrafią już w kilkulatku określić typ uzdolnień: muzycznych, plastycznych, technicznych lub innych. Młodzież w wieku około 16 lat może za pomocą testów poznać cechy charakterystyczne swojej osobowości i rodzaj temperamentu. Istnieją też testy sprawdzające, czy młody człowiek ma predyspozycje do wykonywania wybranego zawodu. Trzeba jednak pamiętać, że nastolatkowie przechodzą okres silnych zmian osobowości i trudno przewidzieć, w jakim kierunku będzie się ona rozwijała.

Zbyt wczesna diagnoza i przywiązanie się do niej może doprowadzić do zaszufladkowania dziecka i zbyt wczesnej specjalizacji. Jeśli poddamy dziecko takim testom, powinniśmy mieć świadomość, że zdobyta w ten sposób wiedza ocenia stan osobowości i predyspozycje na określonym etapie jego rozwoju. Już po roku może być w dużej części nieaktualna. Traktujmy więc ją tylko jako pewien sygnał, a nie wyznacznik, którego trzeba się kurczowo trzymać. Kierując dziecko w którąkolwiek stronę, obserwujmy, czy jest z tym szczęśliwe, czy nie spogląda tęsknie w zupełnie innym kierunku. Nie każde będzie miało tyle pewności siebie, by wbrew staraniom rodziców pójść za głosem swoich pragnień. Jeśli więc jesteś rodzicem lub nauczycielem, traktuj swoje dzieci bądź uczniów po partnersku. Najpierw poznaj marzenia, potem pomóż dziecku je realizować. Bądź inspiratorem, a nie hamulcowym.

Realistycznie określić swój potencjał można w każdej chwili życia. Nie brak przykładów ludzi, którzy jako 40-, 50-, a nawet 60-latkowie zmienili dziedzinę, którą się zajmowali. Niekiedy, by wreszcie oddać się swojej pasji, zrezygnowali z wygodnej posady, zmienili zawód i miejsce zamieszkania, a nawet tryb życia. Ci, którzy tego nie zrobili (na przykład ze względu na więzi rodzinne lub środowiskowe), mimo że czuli takie pragnienie, często żałują i pozostają z poczuciem, że zmarnowali życie. Wczesne uświadomienie sobie własnego potencjału daje dużą szansę, że maksymalnie go wykorzystamy. W ten sposób określimy obszar działania, który może nam przynieść satysfakcję, w którym będziemy najbardziej kreatywni i w którym możemy osiągnąć najlepsze rezultaty. Warunkiem jest zastosowanie zasady realizmu i niepoddawanie się emocjom w sytuacjach wymagających rzeczowej oceny.

Dokonując oceny celu (projektu, problemu), warto zatem wziąć pod uwagę wpływ emocji. One towarzyszą naszemu życiu. Nad wieloma z nich można pracować. Te, które są negatywne (na przykład złość, zawiść, wyniosłość), powinniśmy stłumić. Jest jednak wiele pozytywnych, które pomagają w realizacji marzeń. To między innymi radość czy życzliwość, jednak szczególną rolę odgrywa zaangażowanie. Pragnienia i cele (a nawet nasze możliwości) wraz z rozwojem osobowości przekształcają się i zmieniają. To normalna kolej rzeczy. Ważne, by tym zmianom towarzyszyło coś, co jest trwałe. Mam na myśli motor wszelkich działań – zaangażowanie. Bez niego każde przedsięwzięcie jest jałowe. Jeśli działamy z zaangażowaniem, radość z poszukiwań i osiągnięć jest większa, a potknięcia nie tak bolesne.

Emocje pojawiają się w wielu sytuacjach zawodowych. Szczególnie silne, gdy odnotujemy coś niespodziewanego: nagły zwrot kierunku działań, uzyskanie niezwykle wysokich lub wyjątkowo niskich wyników, konieczność podjęcia natychmiastowej kontrowersyjnej decyzji, dziwne zachowanie szefa lub pracownika i temu podobne. W takich momentach starajmy się nie poddawać nadmiernie emocjom, bo często zniekształcają one postrzeganie świata. Jeśli czujemy, że zaczynają nam przeszkadzać, skupmy się na sprecyzowaniu, co jest ich przyczyną.

Znajdźmy myśli wywołujące złe samopoczucie i postarajmy się je zmienić. Nie odrzucajmy jednak w całości tego, co podpowiadają nam emocje. Przeanalizujmy te podpowiedzi, korzystając z zasady realizmu i umiejętności obiektywnego przyglądania się sobie. To ważne na drodze do życia według własnego planu.

Refleksje końcowe

Na początku tej książki zapytałem o skojarzenia związane z pojęciem realizmu. Mam nadzieję, że teraz odszedłeś od pesymistycznego pojmowania tego słowa. Liczę na to, że odtąd inaczej rozumiany realizm będzie Ci towarzyszył i pomagał w realizacji marzeń i podejmowaniu decyzji.

Gruntowne poznanie siebie i stosowanie zasady realizmu do oceny ludzi i sytuacji przydaje się w każdej dziedzinie życia. Idealnie by było, gdybyśmy potrafili podejmować decyzje, kierując się rozumem nieprzytłoczonym przez wrażenia – gdybyśmy potrafili zastąpić na jakiś czas emocjonalne reakcje racjonalnym, obiektywnym myśleniem. Jednak nie namawiam do całkowitego pozbywania się emocji. Są nam potrzebne, pozwalają bowiem wziąć pod uwagę potrzeby innych ludzi i nasze własne. Istotne jest jednak to, żebyśmy nie pozwolili im nad sobą całkowicie zapanować.

Realizm umożliwia znalezienie odpowiedzi na pytania: „Po co to robię?", „Jak mam to zrobić?". Daje motywację, która wzmacnia wytrwałe dążenie do celu. Rozwiewa wątpliwości i pomaga zwalczyć pokusę ucieczki, jaką jest usprawiedliwianie się nierealnością dążeń.

Realizm umożliwia formułowanie celów i kreślenie planów możliwych do urzeczywistnienia. Korzystali z niego wielcy naukowcy, odkrywcy i wynalazcy. Dzięki tej cesze opierali się zwątpieniom i utrzymywali motywację na wysokim poziomie. Wyobrażali sobie efekty swojej pracy i wiedzieli, że są przesłanki do ich uzyskania.

Warto pamiętać jednak, że realizm nie wisi w próżni. Opiera się na konkretnych argumentach. Powinniśmy nauczyć się ich szukać. Podałem kilka sposobów, co robić, by nie wpaść w pułapkę realizmu pesymistycznego, który każe nam zauważać wyłącznie negatywne strony pomysłów, projektów i marzeń. Metody te pozwalają uniknąć także przesady w drugą stronę – ucieczki w realizm bujający w obłokach, który sprawia, że lekceważymy wszystkie ostrzeżenia, nie dostrzegamy zagrożeń i idziemy prosto... ku porażce.

Realista może wyciągać wnioski jedynie na podstawie znanych mu faktów, które wcześniej bardzo skrupulatnie i wielowymiarowo przeanalizował. Nie może rozwiązywać równań z samymi niewiadomymi. Pamiętajmy także, że brak potrzebnych informacji nie oznacza, że ich nie ma. Po prostu jeszcze nie dotarliśmy do odpowiedniego źródła. Szukajmy go zatem, może w książkach, może na odpowiednich kursach, może u dobrych doradców czy mentorów, którym ufamy.

Jestem zwolennikiem puszczania wodzów fantazji na etapie marzeń i trzymania się ziemi w fazie wyznaczania celów i ich realizacji. Przestrzeganie tej zasady pozwoliło mi urzeczywistnić większość zamierzeń. Z każdym z nich nabieram większej pewności, że i kolejne, o ile podejdę do nich w ten sam sposób, też się powiodą. Ta praktyka pozwala mi twórczo wykorzystywać porażki. Przyglądam się realistycznie temu, co zrobiłem, by znaleźć miejsce, w którym tkwił błąd. Szukam tego, czego nie dostrzegłem wcześniej, by w przyszłości nie powtórzyć tej samej pomyłki.

Realista wizjoner, realista marzyciel – taka postawa powinna stać się celem każdego z nas. W każdej dziedzinie życia. Śmiało snuj marzenia, a potem je spełniaj, realizując plan punkt po punkcie. To nie będzie takie proste. Będziesz musiał zmierzyć się z lękami, obawami, blokadami, lenistwem i stereotypami, którym w jakimś stopniu każdy z nas ulega. Jednak nagroda jest warta wysiłku. Gdy wygrasz, a wierzę, że każdy może tego dokonać, staniesz się człowiekiem spełnionym, pełnym wiary w siebie i swoje możliwości, entuzjastycznie spoglądającym w przyszłość.

☼

Bibliografia

Albright M., Carr C., *Największe błędy menedżerów*, Warszawa 1997.
Allen B.D., Allen W.D., *Formuła 2+2. Skuteczny coaching*, Warszawa 2006.
Anderson Ch., *Za darmo: przyszłość najbardziej radykalnej z cen*, Kraków 2011.
Anthony R., *Pełna wiara w siebie*, Warszawa 2005.
Ariely D., *Zalety irracjonalności. Korzyści z postępowania wbrew logice w domu i pracy*, Wrocław 2010.
Bates W.H., *Naturalne leczenie wzroku bez okularów*, Katowice 2011.
Bettger F., *Jak umiejętnie sprzedawać i zwielokrotnić dochody*, Warszawa 1995.
Blanchard K., Johnson S., *Jednominutowy menedżer*, Konstancin-Jeziorna 1995.
Blanchard K., O'Connor M., *Zarządzanie poprzez wartości*, Warszawa 1998.
Bogacka A.W., *Zdrowie na talerzu*, Białystok 2008.
Bollier D., *Mierzyć wyżej. Historie 25 firm, które osiąg-

nęły sukces, łącząc skuteczne zarządzanie z realizacją misji społecznych*, Warszawa 1999.

Bond W.J., *199 sytuacji, w których tracimy czas, i jak ich uniknąć*, Gdańsk 1995.

Bono E. de, *Dziecko w szkole kreatywnego myślenia*, Gliwice 2010.

Bono E. de, *Sześć kapeluszy myślowych*, Gliwice 2007.

Bono E. de, *Sześć ram myślowych*, Gliwice 2009.

Bono E. de, *Wodna logika. Wypłyń na szerokie wody kreatywności*, Gliwice 2011.

Bossidy L., Charan R., *Realizacja. Zasady wprowadzania planów w życie*, Warszawa 2003.

Branden N., *Sześć filarów poczucia własnej wartości*, Łódź 2010.

Branson R., *Zaryzykuj – zrób to! Lekcje życia*, Warszawa-Wesoła 2012.

Brothers J., Eagan E, *Pamięć doskonała w 10 dni*, Warszawa 2000.

Buckingham M., *To jedno, co powinieneś wiedzieć... o świetnym zarządzaniu, wybitnym przywództwie i trwałym sukcesie osobistym*, Warszawa 2006.

Buckingham M., *Wykorzystaj swoje silne strony. Użyj dźwigni swojego talentu*, Waszawa 2010

Buckingham M., Clifton D.O., *Teraz odkryj swoje silne strony*, Warszawa 2003.

Butler E., Pirie M., *Jak podwyższyć swój iloraz inteligencji?*, Gdańsk 1995.

Buzan T., *Mapy myśli*, Łódź 2008.

Buzan T., *Pamięć na zawołanie*, Łódź 1999.

Buzan T., *Podręcznik szybkiego czytania*, Łódź 2003.

Buzan T., *Potęga umysłu. Jak zyskać sprawność fizyczną i umysłową: związek umysłu i ciała*, Warszawa 2003.

Buzan T., Dottino T., Israel R., *Zwykli ludzie – liderzy. Jak maksymalnie wykorzystać kreatywność pracowników*, Warszawa 2008.

Carnegie D., *I ty możesz być liderem*, Warszawa 1995.

Carnegie D., *Jak przestać się martwić i zacząć żyć*, Warszawa 2011.

Carnegie D., *Jak zdobyć przyjaciół i zjednać sobie ludzi*, Warszawa 2011.

Carnegie D., *Po szczeblach słowa. Jak stać się doskonałym mówcą i rozmówcą*, Warszawa 2009.

Carnegie D., Crom M., Crom J.O., *Szkoła biznesu. O pozyskiwaniu klientów na zawsze*, Waszrszawa 2003

Cialdini R., *Wywieranie wpływu na ludzi*, Gdańsk 1998.

Clegg B., *Przyspieszony kurs rozwoju osobistego*, Warszawa 2002.

Cofer C.N., Appley M.H., *Motywacja: teoria i badania*, Warszawa 1972.

Cohen H., *Wszystko możesz wynegocjować. Jak osiągnąć to, co chcesz*, Warszawa 1997. r Covey S.R., 3. rozwiązanie, Poznań 2012.

Covey S.R., *7 nawyków skutecznego działania*, Poznań 2007.

Covey S.R., *8. nawyk*, Poznań 2006.

Covey S.R., Merrill A.R., Merrill R.R., *Najpierw rzeczy najważniejsze*, Warszawa 2007.

Craig M., *50 najlepszych (i najgorszych) interesów w historii biznesu*, Warszawa 2002.

Csikszentmihalyi M., *Przepływ: psychologia optymalnego doświadczenia*, Wrocław 2005

Davis R.C., Lindsmith B., *Ludzie renesansu: umysły, które ukształtowały erę nowożytną*, Poznań 2012

Davis R.D., Braun E.M., *Dar dysleksji. Dlaczego niektórzy zdolni ludzie nie umieją czytać i jak mogą się nauczyć*, Poznań 2001.

Dearlove D., *Biznes w stylu Richarda Bransona. 10 tajemnic twórcy megamarki*, Gdańsk 2009.

DeVos D., *Podstawy wolności. Wartości decydujące o sukcesie jednostek i społeczeństw*, Konstancin-Jeziorna 1998.

DeVos R.M., Conn Ch.P., *Uwierz! Credo człowieka czynu, współzałożyciela Amway Corporation, hołdującego zasadom, które uczyniły Amerykę wielką*, Warszawa 1994.

Dixit A.K., Nalebuff B.J., *Myślenie strategiczne. Jak zapewnić sobie przewagę w biznesie, polityce i życiu prywatnym*, Gliwice 2009.

Dixit A.K., Nalebuff B.J., *Sztuka strategii. Teoria gier w biznesie i życiu prywatnym*, Warszawa 2009.

Dobson J., *Jak budować poczucie wartości w swoim dziecku*, Lublin 1993.

Doskonalenie strategii (seria *Harvard Bussines Review*), praca zbiorowa, Gliwice 2006.

Dryden G., Vos J., *Rewolucja w uczeniu*, Poznań 2000.

Dyer W.W., *Kieruj swoim życiem*, Warszawa 2012.

Dyer W.W., *Pokochaj siebie*, Warszawa 2008.

Edelman R.C., Hiltabiddle T.R., Manz Ch.C., *Syndrom miłego człowieka*, Gliwice 2010.

Eichelberger W., Forthomme P., Nail F., *Quest. Twoja droga do sukcesu. Nie ma prostych recept na sukces, ale są recepty skuteczne*, Warszawa 2008.

Enkelmann N.B., *Biznes i motywacja*, Łódź 1997.

Eysenck H. i M., *Podpatrywanie umysłu. Dlaczego ludzie zachowują się tak, jak się zachowują?*, Gdańsk 1996.

Ferriss T., *4-godzinny tydzień pracy. Nie bądź płatnym niewolnikiem od 7.00 do 17.00*, Warszawa 2009.

Flexner J.T., Waschington. *Człowiek niezastąpiony*, Warszawa 1990.

Forward S., Frazier D., *Szantaż emocjonalny: jak obronić się przed manipulacją i wykorzystaniem*, Gdańsk 2011.

Frankl V.E., *Człowiek w poszukiwaniu sensu*, Warszawa 2009.

Fraser J.F., *Jak Ameryka pracuje*, Przemyśl 1910.

Freud Z., *Wstęp do psychoanalizy*, Warszawa 1994.

Fromm E., *Mieć czy być*, Poznań 2009.

Fromm E., *Niech się stanie człowiek. Z psychologii etyki*, Warszawa 2005.

Fromm E., *O sztuce miłości*, Poznań 2002.

Fromm E., *O sztuce słuchania. Terapeutyczne aspekty psychoanalizy*, Warszawa 2002.

Fromm E., *Serce człowieka. Jego niezwykła zdolność do dobra i zła*, Warszawa 2000.

Fromm E., *Ucieczka od wolności*, Warszawa 2001.

Fromm E., *Zerwać okowy iluzji*, Poznań 2000.

Galloway D., *Sztuka samodyscypliny*, Warszawa 1997.

Gardner H., *Inteligencje wielorakie – teoria w praktyce*, Poznań 2002.

Gawande A., *Potęga checklisty: jak opanować chaos i zyskać swobodę w działaniu*, Kraków 2012.

Gelb M.J., *Leonardo da Vinci odkodowany*, Poznań 2005.

Gelb M.J., Miller Caldicott S., *Myśleć jak Edison*, Poznań 2010.

Gelb M.J., *Myśleć jak geniusz*, Poznań 2004.

Gelb M.J., *Myśleć jak Leonardo da Vinci*, Poznań 2001.

Giblin L., *Umiejętność postępowania z innymi...*, Kraków 1993.

Girard J., Casemore R., *Pokonać drogę na szczyt*, Warszawa 1996.

Glass L., *Toksyczni ludzie*, Poznań 1998.

Godlewska M., *Jak pokonałam raka*, Białystok 2011.

Godwin M., *Kim jestem? 101 dróg do odkrycia siebie*, Warszawa 2001.

Goleman D., *Inteligencja emocjonalna*, Poznań 2002.

Gordon T., *Wychowywanie bez porażek szefów, liderów, przywódców*, Warszawa 1996.

Gorman T., *Droga do skutecznych działań. Motywacja*, Gliwice 2009.

Gorman T., *Droga do wzrostu zysków. Innowacja*, Gliwice 2009.

Greenberg H., Sweeney P., *Jak odnieść sukces i rozwinąć swój potencjał*, Warszawa 2007.

Habeler P., Steinbach K., *Celem jest szczyt*, Warszawa 2011.

Hamel G., Prahalad C.K., *Przewaga konkurencyjna jutra*, Warszawa 1999.

Hamlin S., *Jak mówić, żeby nas słuchali*, Poznań 2008.

Hill N., *Klucze do sukcesu*, Warszawa 1998.

Hill N., *Magiczna drabina do sukcesu*, Warszawa 2007.

Hill N., *Myśl!... i bogać się. Podręcznik człowieka interesu*, Warszawa 2012.

Hill N., *Początek wielkiej kariery*, Gliwice 2009.

Ingram D.B., Parks J.A., *Etyka dla żółtodziobów, czyli wszystko, co powinieneś wiedzieć o...*, Poznań 2003.

Jagiełło J., Zuziak W. [red.], *Człowiek wobec wartości*, Kraków 2006.

James W., *Pragmatyzm*, Warszawa 2009.

Jamruszkiewicz J., *Kurs szybkiego czytania*, Chorzów 2002.

Johnson S., *Tak czy nie. Jak podejmować dobre decyzje*, Konstancin-Jeziorna 1995.

Jones Ch., *Życie jest fascynujące*, Konstancin-Jeziorna 1993.

Kanter R.M., *Wiara w siebie. Jak zaczynają się i kończą dobre i złe passy*, Warszawa 2006.

Keller H., *Historia mojego życia*, Warszawa 1978.

Kirschner J., *Zwycięstwo bez walki. Strategie przeciw agresji*, Gliwice 2008.

Koch R., *Zasada 80/20. Lepsze efekty mniejszym nakładem sił i środków*, Konstancin--Jeziorna 1998.

Kopmeyer M.R., *Praktyczne metody osiągania sukcesu*, Warszawa 1994.

Ksenofont, *Cyrus Wielki. Sztuka zwyciężania*, Warszawa 2008.

Kuba A., Hausman J., *Dzieje samochodu*, Warszawa 1973.

Kumaniecki K., *Historia kultury starożytnej Grecji i Rzymu*, Warszawa 1964.

Lamont G., *Jak podnieść pewność siebie*, Łódź 2008.

Leigh A., Maynard M., *Lider doskonały*, Poznań 1999.

Littauer F., *Osobowość plus*, Warszawa 2007.

Loreau D., *Sztuka prostoty*, Warszawa 2009.
Lott L., Intner R., Mendenhall B., *Autoterapia dla każdego. Spróbuj w osiem tygodni zmienić swoje życie*, Warszawa 2006.
Maige Ch., Muller J.-L., *Walka z czasem. Atut strategiczny przedsiębiorstwa*, Warszawa 1995.
Mansfield P., *Jak być asertywnym*, Poznań 1994.
Martin R., *Niepokorny umysł. Poznaj klucz do myślenia zintegrowanego*, Gliwice 2009.
Maslow A., *Motywacja i osobowość*, Warszawa 2009.
Matusewicz Cz., *Wprowadzenie do psychologii*, Warszawa 2011.
Maxwell J.C., *21 cech skutecznego lidera*, Warszawa 2012.
Maxwell J.C., *Tworzyć liderów, czyli jak wprowadzać innych na drogę sukcesu*, Konstancin-Jeziorna 1997.
Maxwell J.C., *Wszyscy się komunikują, niewielu potrafi się porozumieć*, Warszawa 2011.
McCormack M.H., *O zarządzaniu*, Warszawa 1998.
McElroy K., *Jak inwestować w nieruchomości. Znajdź ukryte zyski, których większość inwestorów nie dostrzega*, Osielsko 2008.
McGee P., *Pewność siebie. Jak mała zmiana może zrobić wielką różnicę*, Gliwice 2011.
McGrath H., Edwards H., *Trudne osobowości. Jak radzić sobie ze szkodliwymi zachowaniami innych oraz własnymi*, Poznań 2010.

Mellody P., Miller A.W., Miller J.K., *Toksyczna miłość i jak się z niej wyzwolić*, Warszawa 2013.

Melody B., *Koniec współuzależnienia*, Poznań 2002.

Miller M., *Style myślenia*, Poznań 2000.

Mingotaud F., *Sprawny kierownik. Techniki osiągania sukcesów*, Warszawa 1994.

MJ DeMarco, *Fastlane milionera*, Katowice 2012.

Morgenstern J., *Jak być doskonale zorganizowanym*, Warszawa 2000.

Nay W.R., *Związek bez gniewu. Jak przerwać błędne koło kłótni, dąsów i cichych dni*, Warszawa 2011.

Nierenberg G.I., *Ekspert. Czy nim jesteś?*, Warszawa 2001.

Ogger G., *Geniusze i spekulanci, Jak rodził się kapitalizm*, Warszawa 1993.

Osho, *Księga zrozumienia. Własna droga do wolności*, Warszawa 2009.

Parkinson C.N., *Prawo pani Parkinson*, Warszawa 1970.

Peale N.V., *Entuzjazm zmienia wszystko. Jak stać się zwycięzcą*, Warszawa 1996.

Peale N.V., *Możesz, jeśli myślisz, że możesz*, Warszawa 2005.

Peale N.V., *Rozbudź w sobie twórczy potencjał*, Warszawa 1997.

Peale N.V., *Uwierz i zwyciężaj. Jak zaufać swoim myślom i poczuć pewność siebie*, Warszawa 1999.

Pietrasiński Z., *Psychologia sprawnego myślenia*, Warszawa 1959.
Pilikowski J., *Podróż w świat etyki*, Kraków 2010.
Pink D.H., *Drive*, Warszawa 2011.
Pirożyński M., *Kształcenie charakteru*, Poznań 1999.
Pismo Święte Starego i Nowego Testamentu. Biblia Tysiąclecia, Warszawa 2002.
Pismo Święte w Przekładzie Nowego Świata, 1997.
Popielski K., *Psychologia egzystencji. Wartości w życiu*, Lublin 2009.
Poznaj swoją osobowość, Bielsko-Biała 1996.
Przemieniecki J., *Psychologia jednostki. Odkoduj szyfr do swego umysłu*, Warszawa 2008.
Pszczołowski T., *Umiejętność przekonywania i dyskusji*, Gdańsk 1998.
Reiman T., *Potęga perswazyjnej komunikacji*, Gliwice 2011.
Robbins A., *Nasza moc bez granic. Skuteczna metoda osiągania życiowych sukcesów za pomocą NLP*, Konstancin-Jeziorna 2009.
Robbins A., *Obudź w sobie olbrzyma... i miej wpływ na całe swoje życie – od zaraz*, Poznań 2002.
Robbins A., *Olbrzymie kroki*, Warszawa 2001.
Robert M., *Nowe myślenie strategiczne: czyste i proste*, Warszawa 2006.
Robinson J.W., *Imperium wolności. Historia Amway Corporation*, Warszawa 1997.

Rose C., Nicholl M.J., *Ucz się szybciej, na miarę XXI wieku*, Warszawa 2003.

Rose N., *Winston Churchill. Życie pod prąd*, Warszawa 1996.

Rychter W., *Dzieje samochodu*, Warszawa 1962.

Ryżak Z., *Zarządzanie energią kluczem do sukcesu*, Warszawa 2008.

Savater F., *Etyka dla syna*, Warszawa 1996.

Schäfer B., *Droga do finansowej wolności. Pierwszy milion w ciągu siedmiu lat*, Warszawa 2011.

Schäfer B., *Zasady zwycięzców*, Warszawa 2007.

Scherman J.R., *Jak skończyć z odwlekaniem i działać skutecznie*, Warszawa 1995.

Schuller R.H., *Ciężkie czasy przemijają, bądź silny i przetrwaj je*, Warszawa 1996.

Schwalbe B., Schwalbe H., Zander E., *Rozwijanie osobowości. Jak zostać sprzedawcą doskonałym*, tom 2, Warszawa 1994.

Schwartz D.J., *Magia myślenia kategoriami sukcesu*, Konstancin-Jeziorna 1994.

Schwartz D.J., *Magia myślenia na wielką skalę. Jak zaprząc duszę i umysł do wielkich osiągnięć*, Warszawa 2008.

Scott S.K., *Notatnik milionera. Jak zwykli ludzie mogą osiągać niezwykłe sukcesy*, Warszawa 1997.

Sedlak K. [red.], *Jak poszukiwać i zjednywać najlepszych pracowników*, Kraków 1995.

Seiwert L.J., *Jak organizować czas*, Warszawa 1998.
Seligman M.E.P., *Co możesz zmienić, a czego nie możesz*, Poznań 1995.
Seligman M.E.P., *Pełnia życia*, Poznań 2011.
Seneka, *Myśli*, Kraków 1989.
Sewell C., Brown P.B., *Klient na całe życie, czyli jak przypadkowego klienta zmienić w wiernego entuzjastę naszych usług*, Warszawa 1992.
Słownik pisarzy antycznych, Warszawa 1982.
Smith A., *Umysł*, Warszawa 1989.
Spector R., *Amazon.com. Historia przedsiębiorstwa, które stworzyło nowy model biznesu*, Warszawa 2000.
Spence G., *Jak skutecznie przekonywać... wszędzie i każdego dnia*, Poznań 2001.
Sprenger R.K., *Zaufanie # 1*, Warszawa 2011.
Staff L., *Michał Anioł*, Warszawa 1990.
Stone D.C., *Podążaj za swymi marzeniami*, Konstancin-Jeziorna 1998.
Swiet J., *Kolumb*, Warszawa 1979.
Szurawski M., *Pamięć. Trening interaktywny*, Łódź 2004.
Szyszkowska M., *W poszukiwaniu sensu życia*, Warszawa 1997.
Tatarkiewicz W., *O szczęściu*, Warszawa 1979.
Tavris C., Aronson E., *Błądzą wszyscy (ale nie ja)*, Sopot-Warszawa 2008.

Tracy B., *Milionerzy z wyboru. 21 tajemnic sukcesu*, Warszawa 2002.

Tracy B., *Plan lotu. Prawdziwy sekret sukcesu*, Warszawa 2008.

Tracy B., Scheelen F.M., *Osobowość lidera*, Warszawa 2001.

Tracy B., *Sztuka zatrudniania najlepszych. 21 praktycznych i sprawdzonych technik do wykorzystania od zaraz*, Warszawa 2006.

Tracy B., *Turbostrategia. 21 skutecznych sposobów na przekształcenie firmy i szybkie zwiększenie zysków*, Warszawa 2004.

Tracy B., *Zarabiaj więcej i awansuj szybciej. 21 sposobów na przyspieszenie kariery*, Warszawa 2007.

Tracy B., *Zarządzanie czasem*, Warszawa 2008.

Tracy B., *Zjedz tę żabę. 21 metod podnoszenia wydajności w pracy i zwalczania skłonności do zwlekania*, Warszawa 2005.

Twentier J.D., *Sztuka chwalenia ludzi*, Warszawa 1998.

Urban H., *Moc pozytywnych słów*, Warszawa 2012.

Ury W., *Odchodząc od nie. Negocjowanie od konfrontacji do kooperacji*, Warszawa 2000.

Vitale J., Klucz do sekretu. *Przyciągnij do siebie wszystko, czego pragniesz*, Gliwice 2009.

Waitley D., *Być najlepszym*, Warszawa 1998.

Waitley D., *Imperium umysłu*, Konstancin-Jeziorna 1997.

Waitley D., *Podwójne zwycięstwo*, Warszawa 1996.
Waitley D., *Sukces zależy od właściwego momentu*, Warszawa 1997.
Waitley D., Tucker R.B., *Gra o sukces. Jak zwyciężać w twórczej rywalizacji*, Warszawa 1996.
Walton S., Huey J., *Sam Walton. Made in America*, Warszawa 1994.
Waterhouse J., Minors D., Waterhouse M., *Twój zegar biologiczny. Jak żyć z nim w zgodzie*, Warszawa 1993.
Wegscheider-Cruse S., *Poczucie własnej wartości. Jak pokochać siebie*, Gdańsk 2007.
Wilson P., *Idealna równowaga. Jak znaleźć czas i sposób na pełnię życia*, Warszawa 2010.
Ziglar Z., *Do zobaczenia na szczycie*, Warszawa 1995.
Ziglar Z., *Droga na szczyt*, Konstancin-Jeziorna 1995.
Ziglar Z., *Ponad szczytem*, Warszawa 1995.

O autorze

Andrzej Moszczyński od 30 lat aktywnie zajmuje się działalnością biznesową. Jego główną kompetencją jest tworzenie skutecznych strategii dla konkretnych obszarów biznesu.

W latach 90. zdobywał doświadczenie w branży reklamowej – był prezesem i założycielem dwóch spółek z o.o. Zatrudniał w nich ponad 40 osób. Spółki te były liderami w swoich branżach, głównie w reklamie zewnętrznej – tranzytowej (reklamy na tramwajach, autobusach i samochodach). W 2001 r. przejęciem pakietów kontrolnych w tych spółkach zainteresowały się dwie firmy: amerykańska spółka giełdowa działająca w ponad 30 krajach, skupiająca się na reklamie radiowej i reklamie zewnętrznej oraz największy w Europie fundusz inwestycyjny. W 2003 r. Andrzej sprzedał udziały w tych spółkach inwestorom strategicznym.

W latach 2005-2015 był prezesem i założycielem spółki, która zajmowała się kompleksową komercjalizacją liderów rynku deweloperskiego (firma w sumie sprzedała ponad 1000 mieszkań oraz 350 apartamentów hotelowych w systemie condo).

W latach 2009-2018 był akcjonariuszem strategicznym oraz przewodniczącym rady nadzorczej fabryki urządzeń okrętowych Expom SA. Spółka ta zasięgiem działania obejmuje cały świat, dostarczając urządzenia (w tym dźwigi i żurawie) dla branży morskiej. W 2018 r. sprzedał pakiet swoich akcji inwestorowi branżowemu.

W 2014 r. utworzył w USA spółkę LLC, która działa w branży wydawniczej. W ciągu 14 lat (poczynając od 2005 r.) napisał w sumie 22 kieszonkowe poradniki z dziedziny rozwoju kompetencji miękkich – obszaru, który ma między innymi znaczenie strategiczne dla budowania wartości niematerialnych i prawnych przedsiębiorstw. Poradniki napisane przez Andrzeja koncentrują się na przekazaniu wiedzy o wartościach i rozwoju osobowości – czynnikach odpowiedzialnych za prowadzenie dobrego życia, bycie spełnionym i szczęśliwym.

Andrzej zdobywał wiedzę z dziedziny budowania wartości firm oraz tworzenia skutecznych strategii przy udziale następujących instytucji: Ernst & Young, Gallup Institute, PricewaterhauseCoopers (PwC) oraz Harward Business Review. Jego kompetencje można przyrównać do pracy **stroiciela instrumentu.**

Kiedy miał 7 lat, mama zabrała go do szkoły muzycznej, aby sprawdzić, czy ma talent. Przeszedł test pozytywnie – okazało się, że może rozpocząć edukację muzyczną. Z różnych powodów to nie nastąpiło. Często jednak w jego książkach czy wykładach można usłyszeć bądź przeczytać przykłady związane ze światem muzyki.

Dlaczego można przyrównać jego kompetencje do pracy stroiciela na przykład fortepianu? Stroiciel udoskonala fortepian, aby jego dźwięk był idealny. Każdy fortepian ma swój określony potencjał mierzony jakością dźwięku – dźwięku, który urzeka i wprowadza ludzi w stan relaksu, a może nawet pozytywnego ukojenia. Podobnie jak stroiciel Andrzej udoskonala różne procesy – szczególnie te, które dotyczą relacji z innymi ludźmi. Wierzy, że ludzie posiadają mechanizm psychologiczny, który można symbolicznie przyrównać do **mentalnego żyroskopu** czy **mentalnego noktowizora**. Rola Andrzeja polega na naprawieniu bądź wprowadzeniu w ruch tych „urządzeń".

Żyroskop jest urządzeniem, które niezależnie od komplikacji pokazuje określony kierunek. Tego typu urządzenie wykorzystywane jest na statkach i w samolotach. Andrzej jest przekonany, że rozwijanie **koncentracji i wyobraźni** prowadzi do włączenia naszego mentalnego żyroskopu. Dzięki temu możemy między innymi znajdować skuteczne rozwiązania skomplikowanych wyzwań.

Noktowizor to wyjątkowe urządzenie, które umożliwia widzenie w ciemności. Jest wykorzystywane przez wojsko, służby wywiadowcze czy myśliwych. Życie Andrzeja ukierunkowane jest na badanie tematu źródeł wewnętrznej motywacji – siły skłaniającej do działania, do przejawiania inicjatywy, do podejmowania wyzwań, do wchodzenia w obszary zupełnie nieznane. Andrzej ma przekonanie, że rozwijanie **poczucia własnej wartości** prowadzi do włączenia naszego mentalnego noktowizora. Bez optymalnego poczucia własnej wartości życie jest ciężarem.

W swojej pracy Andrzej koncentruje się na procesach podnoszących jakość następujących obszarów: właściwe interpretowanie zdarzeń, wyciąganie wniosków z analizy porażek oraz sukcesów, formułowanie właściwych pytań, a także korzystanie z wyobraźni w taki sposób, aby przewidywać swoją przyszłość, co łączy się bezpośrednio z umiejętnością strategicznego myślenia. Umiejętności te pomagają rozumieć mechanizmy wywierania wpływu przez inne osoby i umożliwiają niepoddawanie się wszechobecnej indoktrynacji. Kiedy mentalny noktowizor działa poprawnie, przekazuje w odpowiednim czasie sygnały ostrzegające, że ktoś posługuje się manipulacją, aby osiągnąć swoje cele.

Andrzej posiada również doświadczenie jako prelegent, co związane jest z jego zaangażowaniem w działania społeczne. W ostatnich 30 latach był zapraszany do udziału w różnych szkoleniach i seminariach, zgromadzeniach czy kongresach – w sumie jako mówca wystąpił ponad 700 razy. Jego przemówienia i wykłady znane są z inspirujących przykładów i zachęcających pytań, które mobilizują słuchaczy do działania.

Opinie o książce

Małe dziecko przychodzi na świat bez instrukcji obsługi, o czym boleśnie przekonują się kolejne pokolenia młodych rodziców. A jednak mimo tej pozornej przeszkody ludzkość była i jest w stanie poradzić sobie z tym wyzwaniem. Jak? Młodzi rodzice szybko uczą się – głównie metodą prób i błędów – jak zaspokajać potrzeby swojego dziecka. Rodzicielstwo to ciekawa mieszanka zaufania do własnej intuicji, pomocy bliskich i odwołania do wiedzy ekspertów. To nie stały zestaw umiejętności, które ujawniają się w chwili narodzin dziecka, lecz raczej proces nabywania nowych umiejętności dostosowanych do potrzeb i rozwoju własnych pociech.

Nie inaczej jest w przypadku rozpoznania swoich talentów i wykorzystania ich w codziennym życiu. Nie są to zdolności, jakie nabywa się po przeczytaniu jednej książki lub uczestniczeniu w weekendowych warsztatach, lecz raczej droga, na którą się wchodzi świadomie i którą podąża przez resztę życia. Wybierając się w podróż, zwykle pakujemy ze sobą przewodnik i mapę, dlatego też podczas podróży do własnego wnętrza także warto sięgnąć po jakiś przewodnik. Seria książek autorstwa Andrzeja Moszczyńskiego jest właśnie takim przewodnikiem, zawierającym cenne podpowiedzi oraz techniki odkrywania i wykorzystywania swoich talentów. Autor nie stawia się w pozycji eksperta wiedzącego lepiej, co jest dla nas dobre, lecz raczej doradcy odwołującego się szeroko do filozofii, literatury, współczesnych technik doskonalenia osobowości i własnych doświadczeń. Zdecydowanymi mocnymi stronami tej serii są przykłady z życia ilustrujące prezentowane zagadnienia oraz bogata bibliografia służąca jako punkt do dalszych poszukiwań dla wszystkich zainteresowanych doskonaleniem osobowości. Uważam, że seria ta będzie pomocna dla każdego zainteresowanego świadomym życiem i rozwojem osobistym.

Ania Bogacka
Editorial Consultant and Life Coach

* * *

Na rynku książek wybór poradników jest ogromny, ale wśród tego ogromu istnieją jasne punkty, w oparciu o które można kierować swoim życiem tak, by osiągnąć spełnienie. Samorealizacja jest osiągana poprzez mądrość i świadomość. To samo sprawia, że książki Andrzeja Moszczyńskiego są tak użyteczne i podnoszące na duchu. Dzielenie się mądrością w formie przykładów wielu historycznych postaci oświetla drogę w tej kluczowej podróży. Każda z książek Andrzeja jest kompletna sama w sobie, jednak wszystkie razem stanowią zestaw narzędzi, przy pomocy których każdy z nas może ulepszyć umysł i serce, aby ostatecznie przyjąć proaktywną i współczującą postawę wobec życia. Jako osoba, która badała i edytowała wiele tekstów z filozofii i duchowości, mogę z entuzjazmem polecić tę książkę.

Lawrence E. Payne

Dodatek

Cytaty, które pomagały autorowi napisać tę książkę

Na temat rozwoju

Przeznaczeniem człowieka jest jego charakter.

Heraklit z Efezu

Osobowość kształtuje się nie poprzez piękne słowa, lecz pracą i własnym wysiłkiem.

Albert Einstein

Na temat nastawienia do życia

Jeśli jesteś nieszczęśliwy, to dlatego, że cały czas myślisz raczej o tym, czego nie masz, zamiast koncentrować się na tym, co masz w danej chwili.

Anthony de Mello

W końcu, bracia, wszystko, co jest prawdziwe, co godne, co sprawiedliwe, co czyste, co miłe, co zasługuje na uznanie: jeśli jest jakąś cnotą i czynem chwalebnym – to miejcie na myśli.

List do Filipian 4:8

Na temat szczęścia

Ludzie są na tyle szczęśliwi, na ile sobie pozwolą nimi być.

Abraham Lincoln

Więcej szczęścia jest w dawaniu aniżeli w braniu.

> Dz 20:35

Na temat poczucia własnej wartości

Bez Twojego pozwolenia nikt nie może sprawić, że poczujesz się gorszy.

> Eleanor Roosevelt

Na temat możliwości człowieka

Nie ma rzeczy niemożliwych, są tylko te trudniejsze do wykonania.

> Henry Ford

Gdybyśmy robili wszystkie rzeczy, które jesteśmy w stanie zrobić, wprawilibyśmy się w ogromne zdumienie.

Thomas Edison

Na temat poznawania siebie

Najpierw sami tworzymy własne nawyki, potem nawyki tworzą nas.

John Dryden

Na temat wiary w siebie

Człowiek, który zyska i zachowa władzę nad sobą, dokona rzeczy największych i najtrudniejszych.

Johann Wolfgang von Goethe

Ludzie potrafią, gdy sądzą, że potrafią.

Wergiliusz

Na temat wnikliwości

Prawdę należy mówić tylko temu, kto chce jej słuchać.

Seneka Starszy

Język mądrych jest lekarstwem.

Księga Przysłów 12:18

Na temat wytrwałości

Nic na świecie nie zastąpi wytrwałości. Nie zastąpi jej talent – nie ma nic powszechniejszego niż ludzie utalentowani, którzy nie odnoszą sukcesów. Nie uczyni niczego sam geniusz – nienagradzany geniusz to już prawie przysłowie. Nie uczyni niczego też samo wykształcenie – świat jest pełen ludzi wykształconych, o których zapomniano. Tylko wytrwałość i determinacja są wszechmocne.

John Calvin Coolidge

Możemy zrealizować każde zamierzenie, jeśli potrafimy trwać w nim wystarczająco długo.

Helen Keller

Tak samo, jak pojedynczy krok nie tworzy ścieżki na ziemi, tak pojedyncza myśl nie stworzy ścieżki w Twoim umyśle. Prawdziwa ścieżka powstaje, gdy chodzimy po niej wielokrotnie. Aby stworzyć głęboką ścieżkę mentalną, potrzebne jest wielokrotne powtarzanie myśli, które mają zdominować nasze życie.

Napoleon Bonaparte

Na temat entuzjazmu

Tylko przykład jest zaraźliwy.

Lope de Vega

Na temat odwagi

Życie albo jest śmiałą przygodą, albo nie jest życiem. Nie lękać się zmian, a w obliczu kapryśności losu zachowywać hart ducha – oto siła nie do pokonania.

Helen Keller

Silny jest ten, kto potrafi przezwyciężyć swe szkodliwe przyzwyczajenia.

Benjamin Franklin

Życie jest przygodą dla odważnych albo niczym.

Helen Keller

Na temat realizmu

Kto z was, chcąc zbudować wieżę, nie usiądzie wpierw i nie obliczy wydatków, czy ma na jej wykończenie.

Ew. Łukasza 14:28

Pesymista szuka przeciwności w każdej okazji, optymista widzi okazje w każdej przeciwności.

Winston Churchill

Dajcie mi odpowiednio długą dźwignię i wystarczająco mocną podporę, a sam poruszę cały glob.

Archimedes

OFERTA WYDAWNICZA
Andrew Moszczynski Group sp. z o.o.

Andrzej Moszczyński
Inaczej o byciu realistą
INSPIRUJĄCY PORADNIK

Andrzej Moszczyński
Inaczej o priorytetach
INSPIRUJĄCY PORADNIK

Andrzej Moszczyński
Inaczej o byciu wnikliwym
INSPIRUJĄCY PORADNIK

Andrzej Moszczyński
Inaczej o byciu asertywnym
INSPIRUJĄCY PORADNIK

Andrzej Moszczyński
Inaczej o wierze w siebie
INSPIRUJĄCY PORADNIK

Andrzej Moszczyński
Inaczej o umiejętności wyznaczania i osiągania celów
INSPIRUJĄCY PORADNIK

www.ingramcontent.com/pod-product-compliance
Lightning Source LLC
LaVergne TN
LVHW011047100526
838202LV00078B/3754